Für meine Mädels und für meine Mama

SILKE KOBR

SÜSSE WEIHNACHTS-BÄCKEREI

Unser Verlagsprogramm finden Sie unter www.christian-verlag.de

Produktmanagement: Annika Genning
Textredaktion: Susanne Wilkat
Korrektur: Petra Tröger
Layout und Satz: Kirsten Harbers
Umschlaggestaltung: Kirsten Harbers

Fotografie: Coco Lang, www.cocolang.de
Herzlichen Dank an Nostalgie im Kinderzimmer,
www.nostalgieimkinderzimmer.de
Zitate aus: Astrid Lindgren, *Madita* und *Wir Kinder aus Bullerbü*,
© Verlag Friedrich Oetinger, Hamburg
Charles Dickens, *Weihnachtserzählungen*,
Gutenberg-Verlag, Hamburg

Herstellung: Bettina Schippel
Repro: Repro Ludwig, Zell am See

Druck und Bindung: Korotan
Printed in Ljubljana, Slovenia

Die Deutsche Nationalbibliothek verzeichnet diese Publikation in der Deutschen Nationalbibliografie; detaillierte bibliografische Daten sind im Internet über http://dnb.d-nb.de abrufbar.

ISBN 978-3-86244-215-7

Alle Angaben in diesem Werk wurden von der Autorin sorgfältig recherchiert und auf den aktuellen Stand gebracht sowie vom Verlag geprüft. Für die Richtigkeit der Angaben kann jedoch keinerlei Haftung übernommen werden. Für Hinweise und Anregungen sind wir jederzeit dankbar. Bitte richten Sie diese an:

Christian Verlag
Postfach 400209
80702 München
E-Mail: lektorat@verlagshaus.de

SILKE KOBR

SÜSSE WEIHNACHTS-BÄCKEREI

Plätzchen, Stollen, Hexenhäuschen

CHRISTIAN

Inhalt

AUSGEROLLT UND AUSGESTOCHEN:
Von Butterplätzchen bis Zimtstern 10
Schneeflöckchen ✳ Zimtsterne ✳ Nugattropfen ✳ Spitzbuben ✳ Wiener Herzen ...

AUS MODEL UND HAND:
Von Kipferln bis Lebkuchen 36
Orangen-Mohn-Kipferl ✳ Bethmännchen ✳ Mandelspekulatius ✳ Elisenlebkuchen ...

FEINES AUS DER TÜLLE:
Von Makronen bis Spritzgebäck 60
Walnussmakronen mit Marzipan ✳ Baiserkringel ✳ Nugatstangen ✳ Gespritzte Linzer ✳ Schokospritzgebäck ...

GEBACKEN UND GESCHNITTEN:
Von Magenbrot bis Honigkuchen 88
Zitronenschnitten ∗ Magenbrot ∗ Baumkuchenspitzen ∗ Walnusswürfel ∗ Sacherwürfel …

GERÜHRT UND GEKNETET:
Von Stollen bis Früchtebrot 116
Quarkstollen ∗ Dreikönigskuchen ∗ Stollentorte ∗ Panettone ∗ Weihnachtsstrudel …

WENN'S DRAUSSEN STÜRMT UND SCHNEIT:
Von Punschgelee bis Zimtwaffeln 142
Heißer Apfelpunsch ∗ Eiskonfekt ∗ Lebkuchenhäuschen ∗ Bratapfel ∗ Lebkuchen-Tiramisu …

Register 182

5Kg

»Wie gut, dass es Weihnachten überhaupt gibt«, sagt Madita. *»Das ist das Beste, was sich die Leute ausgedacht haben, finde ich.« »Apselut«*, sagt Lisabet.

(AUS »MADITA« VON ASTRID LINDGREN)

Bei uns in der Familie beginnt die Weihnachtszeit schon sehr früh. Genauer gesagt mit dem Laternenumzug zu Ehren des Heiligen Sankt Martin am 11. November. Von diesem Tag an fragen meine Kinder jeden Tag wieder, wann wir den Adventskranz binden, ob der Adventskalender bald aufgehängt wird, wann wir die Weihnachtsdekoration herausholen, wann der Nikolaus kommt und natürlich wann wir endlich die ersten Plätzchen backen. Und irgendwann Ende November, meist an einem grauen und regnerischen Tag, kommt dann der ersehnte Augenblick: Wir beginnen mit der Weihnachtsbäckerei. Die hat in meiner Familie große Tradition. Meine Mutter, meine Omas und die Tanten wetteiferten insgeheim jedes Jahr, wer die meisten Plätzchensorten, die ausgefallensten Kreationen, das saftigste Früchtebrot und den besten Stollen servieren konnte. Für mich war und ist natürlich meine Mutter die Königin der Plätzchen.

Und wie sollte es anders sein, auch meine Töchter sind begeisterte Plätzchenbäckerinnen. Der erste Teig wird mit Hingabe ausgerollt, alle 25 Lieblingsausstecher kommen zum Einsatz und sind die Plätzchen erst einmal gebacken, werden sie mit großer Begeisterung, viel Zuckerguss und noch mehr Liebesperlen verziert. Diese allerersten Plätzchen sind natürlich auch die besten und werden sofort verspeist. Was auch leider der Grund ist, dass schon bald neue gebacken werden müssen. In den nächsten Wochen stechen wir weiter aus, rollen, formen und backen (eine Leidenschaft für das Abwaschen haben meine Töchter leider nicht für sich entdeckt).

Und wenn dann Weihnachten ist, riecht das ganze Haus nach Zimt, Nelken und Orangen. Es duftet nach Omas Plätzchen, Früchtepunsch und gemütlichen Adventsnachmittagen. Ja, Weihnachten ist wirklich das Beste, was die Leute sich ausgedacht haben!

LIED IM ADVENT

Immer ein Lichtlein mehr
im Kranz, den wir gewunden,
dass er leuchte uns so sehr
durch die dunklen Stunden.

Zwei und drei und dann vier!
Rund um den Kranz welch ein Schimmer,
und so leuchten auch wir,
und so leuchtet das Zimmer.

Und so leuchtet die Welt
langsam der Weihnacht entgegen.
Und der in Händen sie hält,
weiß um den Segen!

MATTHIAS CLAUDIUS (1740–1815)

AUSGEROLLT UND AUSGESTOCHEN:

Von Butterplätzchen bis Zimtstern

Als wir unsere Küche planten, riet uns eine freundliche Dame des Küchenstudios, doch einfach unsere Töpfe, Schüsseln und Pfannen zu zählen, dann wüssten wir schon, wie viel Bedarf an Schubladen und Schränken wir hätten. Nun ja, die Rechnung ging nicht auf, denn seit unsere Töchter in der Weihnachtsbäckerei mitmischen, füllen schon die Ausstecher eine ganze Schublade: Sterne in jeder Größe und Form, Herzen, Tannenbäumchen und Rentiere. Und dann natürlich so besinnlich-weihnachtliche Motive wie den Elefanten, das Schwein, die Lokomotive, das Auto, den Schlumpf. Vergangenes Jahr hat mir mein Mann auch noch Goethe und Schiller als Ausstechform gebracht. Na dann:

FRÖHLICHE WEIHNACHTEN!

Schneeflöckchen

Ergibt 40–50 Stück

FÜR DEN TEIG:
200 g Mehl plus etwas mehr für die Arbeitsfläche, gesiebt
75 g Zucker
100 g kalte Butter, gewürfelt
100 g gemahlene Haselnüsse
1 Eigelb

FÜR DIE FÜLLUNG:
100 g Johannisbeergelee

FÜR DIE GLASUR:
100 g Zartbitterkuvertüre, klein gehackt

ZUM VERZIEREN:
50 g Kokosflocken

Für den Teig alle Zutaten in eine Schüssel geben und rasch miteinander zu einem homogenen Teig verkneten. Den fertigen Mürbeteig zu einer Kugel formen, in Frischhaltefolie wickeln und für 1–2 Stunden in den Kühlschrank stellen.

Den Backofen auf 175 °C vorheizen. Den Teig aus dem Kühlschrank nehmen und auf einer leicht bemehlten Arbeitsfläche zu einer Teigplatte ausrollen. Mit Plätzchenformen Kreise ausstechen. Die Plätzchen vorsichtig auf ein mit Backpapier ausgelegtes Backblech legen und 10 Minuten backen. Aus dem Backofen nehmen und etwas abkühlen lassen.

Für die Füllung das Johannisbeergelee in einem kleinen Topf erwärmen. Die ausgestochenen Plätzchen mit dem Gelee bestreichen und je zwei Plätzchen zusammensetzen.

Für die Glasur die Zartbitterkuvertüre in eine Edelstahlschüssel geben und auf einen Topf mit kochendem Wasser setzen – die Schüssel darf nicht das Wasser berühren. Die Kuvertüre unter Rühren langsam schmelzen. Die Oberseite der zusammengesetzten Plätzchen mit der geschmolzenen Kuvertüre überziehen und mit einigen Kokosflocken verzieren.

Ein ganz wichtiger Hinweis für Allergiker, die ich auch in der Familie habe: Die Haselnüsse lassen sich problemlos durch Mandeln ersetzen.

Zimtsterne

Ergibt 50–60 Stück

FÜR DEN TEIG:
300 g Puderzucker, gesiebt
500 g gemahlene Mandeln
1 EL Zimt
1 EL Honig
2 Eiweiß

FÜR DIE GLASUR:
100 g Puderzucker
1 Eiweiß

Für den Teig den Puderzucker, die Mandeln und den Zimt in einer Schüssel mischen. Die Eiweiße und den Honig dazugeben und alles zu einem Teig verkneten. Den Teig zwischen zwei Lagen Frischhaltefolie etwa einen Zentimeter dick ausrollen und den Teig mit Sternenformen ausstechen. Die Sterne vorsichtig auf ein mit Backpapier ausgelegtes Backblech legen.

Den Backofen auf 150 °C vorheizen. Für die Glasur den Puderzucker und das Eiweiß zu einer schaumigen Masse verrühren. Die Zimtsterne damit bestreichen und 15 Minuten backen. Anschließend aus dem Backofen nehmen und abkühlen lassen.

Mal eine modernere Variante sind Zimtsterne mit Schokolade. Geben Sie dafür 400 Gramm gemahlene Mandeln und 100 Gramm geriebene Zartbitterschokolade zum Eiweiß. Verarbeiten Sie den Teig anschließend wie oben beschrieben.

Zimt: Der Weihnachtsduft schlechthin. Ob in Stangenform oder gemahlen, ohne Zimt riecht und schmeckt es nicht nach Weihnachten. Mit Zimt aromatisieren Sie nicht nur Ihr Gebäck, sondern auch Gelees, Marmeladen und Punsch.

Butterplätzchen

Ergibt 60–70 Stück

FÜR DEN TEIG:
150 g kalte Butter, gewürfelt
150 g Zucker
1 Päckchen Vanillezucker
2 Eigelb
1 EL Arrak
250 g Mehl plus etwas mehr für die Arbeitsfläche, gesiebt

FÜR DIE GLASUR:
100 g Zucker oder Puderzucker
2–3 EL Zitronensaft

ZUM VERZIEREN:
Liebesperlen
bunte Streusel

Für den Teig die Butter, den Zucker, den Vanillezucker und die Eigelbe in eine Schüssel geben und gut verrühren. Den Arrak und das Mehl dazugeben und alles rasch zu einem homogenen Teig verkneten. Den Teig zu einer Kugel formen, in Frischhaltefolie wickeln und für 1–2 Stunden in den Kühlschrank stellen.

Den Backofen auf 190 °C vorheizen. Den Teig aus dem Kühlschrank nehmen und auf einer leicht bemehlten Arbeitsfläche etwa drei Millimeter dick ausrollen. Mit Formen Plätzchen ausstechen. Die Plätzchen vorsichtig auf ein mit Backpapier ausgelegtes Backblech legen und 10 Minuten backen, bis sie goldgelb sind. Aus dem Backofen nehmen, sofort mit Zucker bestreuen und anschließend abkühlen lassen.

Alternativ den Puderzucker und den Zitronensaft zu einer dickflüssigen Glasur verrühren. Die Plätzchen damit bestreichen und nach Belieben mit bunten Streuseln oder Liebesperlen verzieren.

Besonders hübsch sieht es aus, wenn man die Formen am äußeren Rand mit weißer oder auch bunter Zuckerschrift nachzeichnet. Allerdings sollten Sie dann noch nicht von dem wunderbaren Punsch von Seite 176 gekostet haben …

Nugattropfen

Ergibt 30–40 Stück

ZUTATEN:

100 g Schokolade, gerieben
2 EL Vanillezucker
75 g Zucker
200 g weiche Butter
1 Eigelb
200 g Mehl plus etwas mehr für die Arbeitsfläche, gesiebt
100 g gemahlene Haselnüsse
100 g schnittfester Nugat

Die Schokolade zusammen mit dem Vanillezucker, dem Zucker, der Butter und dem Eigelb in einer Schüssel cremig rühren. Das Mehl und die Haselnüsse unter die Butter-Zucker-Masse kneten und den Teig für 30 Minuten in den Kühlschrank stellen.

Den Backofen auf 180 °C vorheizen. Den Teig aus dem Kühlschrank nehmen und auf einer leicht bemehlten Arbeitsfläche etwa drei Millimeter dick ausrollen. Aus dem Teig mit Tropfenformen Plätzchen ausstechen. Die Plätzchen vorsichtig auf ein mit Backpapier belegtes Backblech legen und 8–10 Minuten backen. Anschließend aus dem Backofen nehmen und abkühlen lassen.

Die schnittfeste Nugatmasse in eine Edelstahlschüssel geben und auf einen Topf mit kochendem Wasser setzen – die Schüssel darf nicht das Wasser berühren. Die Nugatmasse unter Rühren leicht erwärmen, damit sie streichfähig wird. Je zwei Plätzchen mit der Nugatmasse zusammensetzen und trocknen lassen.

✳ *Wer es noch schokoladiger mag, der kann die Nugattropfen noch mit der Spitze in Kuvertüre tauchen. Natürlich kann man auch jede andere Ausstechform benutzen und Nugatherzen, -sterne oder -bäumchen herstellen.*

Spitzbuben

Ergibt 50 – 60 Stück

FÜR DEN TEIG:
400 g Mehl plus etwas mehr für die Arbeitsfläche, gesiebt
250 g kalte Butter, gewürfelt
200 g Zucker
1 Päckchen Vanillezucker
2 Eigelb
100 g gemahlene Haselnüsse

FÜR DIE FÜLLUNG:
100 g Johannisbeergelee

ZUM BESTAUBEN:
Puderzucker

Für den Teig alle Zutaten in eine Schüssel geben und alles rasch miteinander zu einem homogenen Teig verkneten. Den fertigen Mürbeteig zu einer Kugel formen, in Frischhaltefolie wickeln und für 1 – 2 Stunden kühl stellen.

Den Backofen auf 200 °C vorheizen. Den Teig aus dem Kühlschrank nehmen und auf einer leicht bemehlten Arbeitsfläche zu einer Teigplatte ausrollen. Runde oder sternförmige Plätzchen ausstechen. Bei der Hälfte der Plätzchen zusätzlich in der Mitte eine kleine Öffnung ausstechen. Die Plätzchen auf ein mit Backpapier ausgelegtes Backblech legen und 10 Minuten backen, bis sie goldgelb sind. Die Plätzchen aus dem Backofen nehmen und abkühlen lassen.

Für die Füllung das Johannisbeergelee in einem kleinen Topf erwärmen. Ein ganzes Plätzchen damit bestreichen und ein Plätzchen mit Öffnung daraufsetzen. Eventuell noch ein wenig Gelee von oben in die Öffnungen füllen und zum Schluss mit Puderzucker bestauben.

✳ *Spitzbuben sind traditionell zwar runde Plätzchen, auf deren Füllung und Basis ein weiterer Ring gesetzt wird, aber hier können Sie Ihrer Fantasie freien Lauf lassen und fast jede beliebige Form verwenden.*

Wiener Herzen

Ergibt 30–40 Stück

FÜR DEN TEIG:
300 g Mehl plus etwas mehr für die Arbeitsfläche, gesiebt
200 g kalte Butter, gewürfelt
100 g Puderzucker, gesiebt
1 Päckchen Vanillezucker
1 Prise Salz
abgeriebene Schale von 1 unbehandelten Zitrone

FÜR DIE FÜLLUNG:
100 g Aprikosenkonfitüre

ZUM APRIKOTIEREN:
2 EL Aprikosenkonfitüre
1 EL Orangenlikör

FÜR DIE GLASUR:
50 g Puderzucker, gesiebt
1 EL Orangensaft

Für den Teig alle Zutaten in eine Schüssel geben und rasch miteinander zu einem homogenen Teig verkneten. Den fertigen Mürbeteig zu einer Kugel formen, in Frischhaltefolie wickeln und für 1–2 Stunden in den Kühlschrank stellen.

Den Backofen auf 175 °C vorheizen. Den Teig aus dem Kühlschrank nehmen und auf einer leicht bemehlten Arbeitsfläche zu einer Teigplatte ausrollen. Mit Plätzchenformen mittelgroße Herzen ausstechen. Die Herzen vorsichtig auf ein mit Backpapier ausgelegtes Backblech legen und 10 Minuten backen, bis sie goldgelb sind. Die Herzen aus dem Backofen nehmen und abkühlen lassen.

Die Hälfte der Herzen mit der Aprikosenkonfitüre bestreichen und anschließend Herz auf Herz zusammensetzen.

Zum Aprikotieren die Aprikosenkonfitüre in einem kleinen Topf erwärmen, durch ein Sieb streichen und mit dem Orangenlikör verrühren. Die Herzen damit bestreichen.

Für die Glasur alle Zutaten zu einer dickflüssigen Masse verrühren. Die Herzen mit dem Zuckerguss verzieren.

Orangenplätzchen mit Schuss

Ergibt 50–60 Stück

FÜR DEN TEIG:
200 g Mehl plus etwas mehr für die Arbeitsfläche, gesiebt
125 g kalte Butter, gewürfelt
50 g gemahlene Mandeln
90 g Zucker
abgeriebene Schale von 1 unbehandelten Orange
1 Vanilleschote
1 Prise Salz
1 Ei
1 EL Orangenlikör

FÜR DIE GLASUR:
200 g weiße Kuvertüre, klein gehackt

ZUM VERZIEREN:
2 kandierte Orangenscheiben, in kleine Stücke geschnitten
50 g Mandelblättchen (oder Zuckerperlen)

Für den Teig alle Zutaten in eine Schüssel geben und alles rasch miteinander zu einem homogenen Teig verkneten. Den Mürbeteig zu einer Kugel formen, in Frischhaltefolie wickeln und für 1 – 2 Stunden in den Kühlschrank stellen.

Den Backofen auf 180 °C vorheizen. Den Teig aus dem Kühlschrank nehmen und auf einer leicht bemehlten Arbeitsfläche zu einer Teigplatte ausrollen. Mit Formen Plätzchen ausstechen. Die Plätzchen vorsichtig auf ein mit Backpapier ausgelegtes Backblech legen und 10 Minuten backen, bis sie goldbraun sind. Die Plätzchen aus dem Backofen nehmen und abkühlen lassen.

Die Kuvertüre in eine Edelstahlschüssel geben und auf einen Topf mit kochendem Wasser setzen – die Schüssel darf nicht das Wasser berühren. Die Kuvertüre unter Rühren langsam schmelzen. Die Orangenplätzchen damit bestreichen und mit Mandelblättchen und Orangenstückchen verzieren.

✶ *Kommt der Chef zu Besuch oder wollen Sie eine neue Freundin mit Ihren Backkünsten beeindrucken? Dann verwenden Sie doch zum Verzieren statt der Mandelblättchen goldene oder silberne Zuckerperlen.*

EINE WEIHNACHTSGESCHICHTE

Die Läden der Geflügelhändler waren noch halb geöffnet, und die der Obsthändler strahlten in hellem Glanze. Da sah man große, runde, dickbäuchige Kastanien körbeweise ausgeschüttet, gleich den Bäuchlein lustiger alter Herren, die an ihrer Haustür lehnten oder in apoplektischer Fülle sich auf der Straße trudelten. Da sah man braune, dickbäuchige, breitgedrückte spanische Zwiebeln, die in ihrer Rundheit spanischen Mönchen glichen, wie sie mutwillig den Mädchen winkten, die vorübergingen und verschämt nach dem Mistelzweige schielten. Da sah man Birnen und Äpfel in Pyramiden aufgeschichtet, Trauben, die der Kaufmann in freundlicher Berechnung recht augenfällig am Haken hängen ließ, damit den Vorübergehenden das Wasser kostenlos im Munde zusammenlaufe, Haufen von Lambertsnüssen, bemoost und braun, mit ihrem frischen Duft an vergangene Wanderungen im Wald durch das raschelnde, fußhohe welke Laub erinnernd! Äpfel aus Norfolk, fett und leuchtend, in ihrer Bräune von den goldgelben Orangen abstechend und herrlich einladend, dass man sie in Papiertüten nach Hause tragen und zum Nachtisch als Bratäpfel verspeisen möge.

CHARLES DICKENS (1812 – 1870)

Quel enchantement ! Devant la grille
s'avance au-devant des grooms et leu
— Manants, faites vite avanc
Mme la marquise !
Ils obéissent aussitôt.

Nussplätzchen mit Marzipan

Ergibt 40–50 Stück

FÜR DEN TEIG:
200 g Mehl plus etwas mehr für die Arbeitsfläche, gesiebt
75 g Zucker
100 g kalte Butter, gewürfelt
100 g gemahlene Mandeln
1 Eigelb

FÜR DIE GLASUR:
100 g Vollmilchkuvertüre, klein gehackt

FÜR DEN MARZIPANTEIG:
100 g Marzipanrohmasse
100 g Puderzucker, gesiebt

Für den Teig alle Zutaten in eine Schüssel geben und alles rasch miteinander zu einem homogenen Teig verkneten. Den Mürbeteig zu einer Kugel formen, in Frischhaltefolie wickeln und für 1–2 Stunden in den Kühlschrank stellen.

Den Backofen auf 175 °C vorheizen. Den Teig aus dem Kühlschrank nehmen und auf einer leicht bemehlten Arbeitsfläche zu einer Teigplatte ausrollen. Mit Plätzchenformen Sterne ausstechen. Die Mandelsterne vorsichtig auf ein mit Backpapier ausgelegtes Backblech legen und 10 Minuten backen. Aus dem Backofen nehmen und abkühlen lassen.

Für die Glasur die Kuvertüre in eine Edelstahlschüssel geben und auf einen Topf mit kochendem Wasser setzen – die Schüssel darf nicht das Wasser berühren. Die Kuvertüre unter Rühren langsam schmelzen und die Mandelsterne damit bestreichen.

Für den Marzipanteig die Marzipanrohmasse mit etwa 75 Gramm Puderzucker verkneten und auf einer mit dem restlichen Puderzucker bestreuten Arbeitsfläche dünn ausrollen. Aus der Marzipanplatte ebenso viele, etwas kleinere, Sterne ausstechen wie aus dem Mürbeteig und auf die mit Schokolade überzogenen Mandelsterne setzen.

Statt der Sterne können Sie natürlich auch jede andere Ausstechform verwenden. Wichtig ist nur, dass Sie die gleiche Form auch in etwas kleinerer Ausführung haben.

Ginger Bread Man

Ergibt 40–50 Stück

FÜR DEN TEIG:
250 g Mehl plus etwas Mehl für die Arbeitsfläche, gesiebt
1 Prise Salz
1 TL gemahlener Ingwer
1 TL Zimt
½ TL geriebene Muskatnuss
½ TL Nelkenpulver
100 g Butter
100 g brauner Zucker
125 g Ahornsirup
1 Ei

FÜR DIE GLASUR:
100 g Puderzucker, gesiebt
2–3 EL Zitronensaft

ZUM VERZIEREN:
Zuckerperlen
bunte Schokolinsen

Für den Teig das Mehl mit allen Gewürzen in einer Schüssel mischen. Die Mehlmischung beiseitestellen. Die Butter in einem Topf zum Schmelzen bringen, vom Herd nehmen und abkühlen lassen, bis sie lauwarm ist.

Den braunen Zucker und den Ahornsirup unterrühren. Das Ei mit einer Gabel in einer Tasse verquirlen und unter die Butter-Zucker-Masse rühren. Die beiseite gestellte Mehlmischung portionsweise darunter rühren, bis sich ein homogener Teig bildet.

Den Backofen auf 200 °C vorheizen. Den Teig auf einer leicht bemehlten Arbeitsfläche ausrollen und mit Ginger-Man-Förmchen Plätzchen ausstechen. Die Plätzchen vorsichtig auf ein mit Backpapier ausgelegtes Backblech legen und 8–10 Minuten backen. Aus dem Backofen nehmen und abkühlen lassen.

Für die Glasur alle Zutaten zu einer dickflüssigen Masse verrühren. Den Zuckerguss in einen Einwegspritzbeutel geben und eine sehr feine Spitze abschneiden. Die Plätzchen mit dem Guss nach Belieben verzieren und mit Zuckerperlen oder bunten Schokolinsen dekorieren.

Ingwer: In der Weihnachtsbäckerei wird die scharfe Wurzel fast nur gemahlen verwendet, sie gibt bei sparsamem Gebrauch vielen Rezepten eine besondere Note. Kandierten Ingwer benutzt man häufig für Konfekt.

Hausfreunde

Ergibt 40–50 Stück

FÜR DEN TEIG:
300 g Mehl plus etwas mehr für die Arbeitsfläche, gesiebt
80 g Zucker
150 g kalte Butter, gewürfelt
2 Eigelb
2 EL Zitronensaft

ZUM APRIKOTIEREN:
100 g Aprikosenkonfitüre

FÜR DEN MARZIPANTEIG:
200 g Marzipanrohmasse
150 g Puderzucker, gesiebt

FÜR DIE GLASUR:
100 g Zartbitterkuvertüre, klein gehackt

ZUM VERZIEREN:
etwa 40 halbierte Walnüsse

Für den Teig das Mehl mit dem Zucker mischen. Die Butter auf die Mehl-Zucker-Mischung verteilen, die Eigelbe und den Zitronensaft dazugeben und alles rasch verkneten. Den Teig zu einer Kugel formen, in Frischhaltefolie wickeln und für 1 – 2 Stunden in den Kühlschrank stellen.

Den Backofen auf 180 °C vorheizen. Den Teig aus dem Kühlschrank nehmen und auf einer leicht bemehlten Arbeits-fläche zu einer dünnen Teigplatte ausrollen. Mit Formen runde Plätzchen ausstechen. Die Teigsterne vorsichtig auf ein mit Backpapier ausgelegtes Backblech legen und 10 Minuten backen. Aus dem Backofen nehmen und abkühlen lassen.

Zum Aprikotieren die Aprikosenkonfitüre in einem kleinen Topf erwärmen, durch ein Sieb streichen und die Plätzchen damit bestreichen.

Für den Marzipanteig die Marzipanrohmasse mit etwas Puderzucker verkneten und auf einer mit Puderzucker bestreuten Arbeitsfläche dünn ausrollen. Aus der Marzipanplatte genauso viele Plätzchen wie aus dem Mürbeteig ausstechen und auf die mit Konfitüre bestrichenen Plätzchen legen.

Für die Glasur die Zartbitterkuvertüre in eine Edelstahlschüssel geben und auf einen Topf mit kochendem Wasser setzen – die Schüssel darf nicht das Wasser berühren. Die Kuvertüre unter Rühren langsam schmelzen. Die Oberseite der zusammengesetzten Plätzchen mit der geschmolzenen Kuvertüre überziehen und mit je einer Walnusshälfte verzieren.

✳ *Eine interessante Variante sind Pistazien-Hausfreunde (rechts). Dafür 50 Gramm Pistazien fein zerkleinern, gut unter die Marzipanrohmasse kneten und wie im Rezept beschrieben weiterverarbeiten. Statt mit Walnusshälften werden die »grünen« Hausfreunde mit grob gehackten oder ganzen Pistazien verziert.*

Lebkuchenmänner

Ergibt 40–50 Stück

FÜR DEN TEIG:
250 g Honig
100 g Rohrohrzucker
100 g Butter
400 g Mehl plus etwas mehr für die Arbeitsfläche, gesiebt
1 Eigelb
1 Prise Salz
1 TL Zimt
½ TL gemahlener Kardamom
¼ TL Nelkenpulver
2 EL ungesüßtes Kakaopulver, gesiebt
1 EL Hirschhornsalz
2 EL Kirschwasser

FÜR DEN ZUCKERGUSS:
50 g Puderzucker, gesiebt
1–2 EL Zitronensaft

ZUM VERZIEREN:
bunte Smarties
Mandeln nach Belieben

Für den Teig den Honig mit dem Rohrohrzucker in einen Topf geben und langsam erwärmen. Sobald der Zucker aufgelöst ist, die Butter dazugeben und unter Rühren schmelzen. Die Masse etwas abkühlen lassen und in eine größere Rührschüssel geben. Das gesiebte Mehl und alle restlichen Zutaten dazugeben und zu einem homogenen Teig verkneten. Den Teig zu einer Kugel formen, in Frischhaltefolie wickeln und 1–2 Stunden in den Kühlschrank stellen.

Den Backofen auf 180 °C vorheizen. Den Teig aus dem Kühlschrank nehmen und noch einmal kräftig kneten. Auf einer leicht bemehlten Arbeitsfläche etwa einen Zentimeter dick ausrollen. Mit beliebigen Formen Plätzchen ausstechen. Die Honiglebkuchen vorsichtig auf ein mit Backpapier ausgelegtes Backblech legen und 15 Minuten backen. Die Lebkuchen aus dem Backofen nehmen und abkühlen lassen.

Für den Zuckerguss alle Zutaten zu einer dickflüssigen Masse verrühren. Die Honiglebkuchen mit dem Zuckerguss gestalten, nach Belieben mit bunten Smarties oder auch Mandelstücken verzieren.

✳ *Diese Honiglebkuchen, sollten sie den Transfer vom Blech in die gute Stube lang genug überleben, lassen sich auch wunderbar als Christbaumschmuck verwenden.*

Buhl by

Pfefferschokokuchen

Ergibt 60–70 Stück

FÜR DEN TEIG:

400 g Mehl plus etwas mehr für die Arbeitsfläche, gesiebt
100 g ungesüßtes Kakaopulver, gesiebt
175 g weiche Butter
300 g Zucker
2 Eier
¼ TL Salz
¼ TL frisch gemahlener schwarzer Pfeffer
1 TL Zimt
1 Msp. Nelkenpulver
1 Msp. geriebene Muskatnuss

Für den Teig das Mehl und das Kakaopulver in einer Schüssel mischen und beiseitestellen. Die Butter in eine andere Schüssel geben und rühren, bis sie sehr cremig ist. Den Zucker, das Salz und die Eier dazugeben und mit der Butter schaumig rühren. Die Gewürze und die Mehl-Kakao-Mischung zu der Buttermasse geben. Alles zu einem homogenen Teig verkneten, zu einer Kugel formen und in Frischhaltefolie gewickelt für 1–2 Stunden in den Kühlschrank stellen.

Den Backofen auf 200 °C vorheizen. Den Teig aus dem Kühlschrank nehmen und auf einer leicht bemehlten Arbeitsfläche etwa fünf Millimeter ausrollen. Mit verschiedenen Formen Plätzchen ausstechen. Die Plätzchen auf ein mit Backpapier ausgelegtes Backblech legen und noch einmal für etwa 15 Minuten in den Kühlschrank stellen. Danach die Plätzchen 8–10 Minuten backen, aus dem Backofen nehmen und abkühlen lassen.

»Ich weiß nicht, wann woanders in der Welt Weihnachten beginnt. Hier in Bullerbü beginnt Weihnachten jedenfalls mit dem Tag, an dem wir Pfefferkuchen backen.«

(ASTRID LINDGREN »WIR KINDER AUS BULLERBÜ«)

AUS MODEL UND HAND:

Von Kipferln bis Lebkuchen

Jahrelang lieh meine Mutter sich die Holzmodeln meiner Oma für ihre Weihnachtsbäckerei. Im Gegenzug holte die sich die Stollenformen, die meiner Mutter gehörten. Die Holzmodeln meiner Oma waren alt und speckig, aber sie zeigten wunderschöne Bilder. Einen Engel, ein Tannenbäumchen, Glocken und vieles mehr. Die Springerle, die man damit backte, waren schneeweiß, und die feine Anisnote mochte ich sogar schon als Kind.

Butterbrot

Ergibt 40 – 50 Stück

FÜR DEN TEIG:
120 g Mehl, gesiebt
200 g gemahlene Mandeln
120 g kalte Butter, gewürfelt
120 g Zucker
100 g Blockschokolade, gerieben
1 Ei

FÜR DIE GLASUR:
2 Eigelb
150 g Puderzucker, gesiebt
1 Päckchen Vanillezucker

ZUM VERZIEREN:
30 g gehackte Pistazien

Für den Teig das Mehl mit den gemahlenen Mandeln in einer Schüssel mischen. Die restlichen Zutaten dazugeben und alles rasch miteinander zu einem homogenen Teig verkneten. Den fertigen Mürbeteig halbieren und zu zwei Rollen formen. Die Teigrollen in Frischhaltefolie wickeln und für 1 – 2 Stunden in den Kühlschrank stellen.

Den Backofen auf 180 °C vorheizen. Die Teigrollen aus dem Kühlschrank nehmen und etwa fünf Millimeter dicke Scheiben schräg davon abschneiden. Die Scheiben vorsichtig auf ein mit Backpapier ausgelegtes Backblech legen und 10 Minuten backen. Die Scheiben aus dem Backofen nehmen und abkühlen lassen.

Für die Glasur die Eigelbe mit dem Puderzucker schaumig schlagen. Den Eigelb-Zucker-Guss noch heiß auf die Butterbrote streichen und mit einigen gehackten Pistazien verzieren. Die Butterbrote noch einmal kurz in den Backofen stellen und in der Restwärme 10 Minuten trocknen.

Diese Plätzchen waren meine Lieblingsplätzchen als Kind, sie wecken auch immer noch schöne Erinnerungen an lauschige Winternachmittage bei mir. Sie waren einfach lecker und sahen so hübsch aus.

Jin - gle - bell, Jin - gle
SAIN

Elisenlebkuchen

Ergibt etwa 40 Stück

FÜR DEN TEIG:
6 Eier
400 g Zucker
2 Msp. Nelkenpulver
1 Msp. geriebene Muskatnuss
2 TL Zimt
abgeriebene Schale von
2 unbehandelten Zitronen
5 Tropfen Bittermandelöl
150 g Zitronat, klein gehackt
50 g Orangeat, klein gehackt
250 g gemahlene Haselnüsse
250 g gemahlene Mandeln
40 Backoblaten
(70 mm Durchmesser)

FÜR DIE GLASUR:
200 g Zartbitterkuvertüre,
klein gehackt

ZUM VERZIEREN:
100 g blanchierte Mandeln,
halbiert

Für den Teig die Eier mit dem Zucker gut schaumig schlagen. Die Gewürze, die Zitronenschale und das Bittermandelöl unter die Ei-Zucker-Masse rühren. Das Zitronat und das Orangeat mit den Haselnüssen und den Mandeln gut unter den Teig rühren.

Die Oblaten auf ein mit Backpapier ausgelegtes Backblech verteilen. Den Teig mithilfe eines Teelöffels gleichmäßig etwa einen Zentimeter dick auf die Oblaten verteilen. Die Lebkuchen etwa 8 Stunden trocknen lassen.

Den Backofen auf 150 °C vorheizen. Die Lebkuchen 20 Minuten backen, aus dem Backofen nehmen und vollständig abkühlen lassen.

Für die Glasur die Zartbitterkuvertüre in eine Edelstahlschüssel geben und auf einen Topf mit kochendem Wasser setzen – die Schüssel darf nicht das Wasser berühren. Die Kuvertüre unter Rühren langsam schmelzen. Die Lebkuchen erst kurz vor dem Verzehr mit der Kuvertüre überziehen und mit den halbierten Mandeln verzieren.

Idealerweise backt man die Lebkuchen schon 7 – 10 Tage vor dem Verzehr, da sie erst nach dieser Zeit richtig weich sind.

Orangen-Mohn-Kipferl

Ergibt etwa 50 Stück

FÜR DEN TEIG:
150 g kalte Butter, gewürfelt
80 g Zucker
2 Eigelb
abgeriebene Schale
von 1 unbehandelten Orange
50 g gemahlene Mandeln
50 g gemahlener Mohn
200 g Mehl plus etwas mehr
für die Arbeitsfläche, gesiebt

ZUM VERZIEREN:
75 g Zucker
abgeriebene Schale
von 1 unbehandelten Orange

Für den Teig zuerst die Butter, den Zucker und die Eigelbe in eine Schüssel geben und gut miteinander verrühren. Die restlichen Zutaten dazugeben und alles rasch zu einem homogenen Teig verkneten. Den fertigen Teig zu einer Kugel formen, in Frischhaltefolie wickeln und für 1–2 Stunden in den Kühlschrank stellen.

Den Backofen auf 175 °C vorheizen. Den Teig aus dem Kühlschrank nehmen und in drei Teile schneiden. Aus dem Teig auf einer leicht bemehlten Arbeitsfläche lange, etwa fingerdicke Rollen formen und davon Stücke von fünf Zentimetern abschneiden. Anschließend mit den Händen Hörnchen daraus formen, vorsichtig auf ein mit Backpapier ausgelegtes Backblech legen und 10 Minuten backen.

Den Zucker mit der Orangenschale mischen. Die noch heißen Kipferl vorsichtig darin wenden und abkühlen lassen.

Nugatkipferl

Ergibt etwa 50 Stück

FÜR DEN TEIG:

100 g kalte Butter, gewürfelt
200 g Nugat
1 Ei
1 Msp. Salz
1 TL ungesüßtes Kakaopulver, gesiebt
300 g Mehl plus etwas mehr für die Arbeitsfläche, gesiebt
½ TL Backpulver

FÜR DIE GLASUR:

100 g Zartbitterkuvertüre, klein gehackt

Für den Teig die Butter mit dem Nugat in eine Schüssel geben und gut miteinander verkneten. Nach und nach Ei, Salz und Kakaopulver unter die Butter-Nugat-Masse kneten. Das Mehl zusammen mit dem Backpulver zu der Masse geben. Alles rasch zu einem homogenen Teig verkneten. Diesen Teig zu einer Kugel formen, in Frischhaltefolie wickeln und für 1 – 2 Stunden in den Kühlschrank stellen.

Den Backofen auf 180 °C vorheizen. Den Teig aus dem Kühlschrank nehmen und in drei Teile schneiden. Aus dem Teig auf einer leicht bemehlten Arbeitsfläche lange Rollen formen und etwa fünf Zentimeter lange Stücke davon abschneiden. Anschließend mit den Händen Hörnchen daraus formen, vorsichtig auf ein mit Backpapier ausgelegtes Backblech legen und 10 Minuten backen. Die Kipferl aus dem Backofen nehmen und abkühlen lassen.

Für die Glasur die Zartbitterkuvertüre in eine Edelstahlschüssel geben und auf einen Topf mit kochendem Wasser setzen – die Schüssel darf nicht das Wasser berühren.
Die Kuvertüre unter Rühren langsam schmelzen. Die Kipferl mit beiden Enden in die geschmolzene Schokolade tauchen und auf einem Kuchengitter trocknen lassen.

Vanillekipferl

Ergibt 50 – 60 Stück

FÜR DEN TEIG:
200 g Mehl plus etwas mehr für die Arbeitsfläche, gesiebt
100 g gemahlene Mandeln
80 g Zucker
150 g kalte Butter, gewürfelt
2 Eigelb
1 Vanilleschote, das Mark herausgekratzt

ZUM VERZIEREN:
50 g Zucker
4 EL Vanillezucker

Für den Teig das Mehl mit den Mandeln und dem Zucker in einer Schüssel mischen. In die Mitte eine Mulde drücken und das Mark der Vanilleschote hineingeben, die gewürfelte Butter und die Eigelbe dazugeben. Alles rasch zu einem homogenen Teig verkneten. Den fertigen Mürbeteig in zu einer Kugel formen, in Frischhaltefolie wickeln und für 1 – 2 Stunden in den Kühlschrank stellen.

Den Backofen auf 175 °C vorheizen. Den Teig aus dem Kühlschrank nehmen und in drei Teile schneiden. Aus dem Teig auf einer leicht bemehlten Arbeitsfläche lange Rollen formen und etwa fünf Zentimeter lange Stücke davon abschneiden. Anschließend mit den Händen Hörnchen daraus formen, vorsichtig auf ein mit Backpapier ausgelegtes Backblech legen und 10 Minuten backen.

Den Zucker mit dem Vanillezucker in einer kleinen Schüssel mischen. Die noch heißen Kipferl vorsichtig darin wenden und abkühlen lassen.

Vanille: Ein Hauch von Vanille rundet viele Rezepte ab. Das Mark der Vanilleschoten wird herausgekratzt und zum Aromatisieren des Gebäcks verwendet. Die ausgekratzte Vanilleschote kann mit Zucker in einem luftdicht verschlossenen Gefäß aufbewahrt werden, dort gibt sie ihr Aroma an den Zucker ab und man erhält Vanillezucker. Es lohnt sich also, statt des synthetischen Vanillins die teurere, echte Vanille zu kaufen.

Bethmännchen

Ergibt 30 Stück

FÜR DEN TEIG:
250 g Marzipanrohmasse
80 g Puderzucker, gesiebt
1 Eiweiß
1 EL Mehl, gesiebt

ZUM VERZIEREN:
50 blanchierte Mandeln, halbiert

FÜR DIE GLASUR:
1 TL Rosenwasser, 1 TL Wasser
2–3 EL Puderzucker, gesiebt

Für den Teig die Marzipanrohmasse zerkleinern und mit dem Puderzucker, dem Eiweiß und dem Mehl zu einem glatten Teig verkneten.

Den Backofen auf 200 °C vorheizen. Aus der Marzipan-Zucker-Masse etwa 30 kirschgroße Kugeln formen und auf ein mit Backpapier ausgelegtes Backblech setzen. Je drei Mandelhälften seitlich auf die Kugeln drücken. Die Bethmännchen 15 Minuten backen.

Für die Glasur alle Zutaten zu einer dickflüssigen Masse rühren und die Bethmännchen noch heiß mit der Zuckerglasur bestreichen.

Husarenkrapferl

Ergibt 50–60 Stück

FÜR DEN TEIG:
200 g Butter, gewürfelt
100 g Zucker
1 Prise Salz
2 Eigelb
1 Vanilleschote, das Mark herausgekratzt
300 g Mehl, gesiebt
100 g gemahlene Haselnüsse

ZUM BESTAUBEN:
3 EL Puderzucker, gesiebt

FÜR DIE FÜLLUNG:
150 g Johannisbeergelee

Für den Teig die Butter mit dem Zucker, dem Salz, den Eigelben und dem Mark der Vanilleschote in eine Schüssel geben und vermengen. Das Mehl und die Haselnüsse dazugeben und alles zu einem homogenen Teig verkneten.

Den Backofen auf 175 °C vorheizen. Aus dem Teig walnussgroße Kugeln formen und auf ein mit Backpapier ausgelegtes Backblech legen. Einen Kochlöffelstiel in Mehl tauchen und in jede Teigkugel in der Mitte eine Vertiefung drücken. Die Husarenkrapferl 15 Minuten backen, aus dem Backofen nehmen und noch warm mit Puderzucker bestauben.

Das Johannisbeergelee in einem kleinen Topf erwärmen, glatt rühren und in die Mulden der fertigen Plätzchen füllen. Die Husarenkrapferl auf einem Kuchengitter trocknen lassen.

✶ *Die Husarenkugeln zu formen, gelingt auch schon den Kleinsten (bei ihnen werden die Kugeln wirklich schön klein).*

No 3

VOM CHRISTKIND

Denkt euch, ich habe das Christkind gesehen!
Es kam aus dem Walde, das Mützchen voll Schnee,
mit rotgefrorenem Näschen.
Die kleinen Hände taten ihm weh,
denn es trug einen Sack, der war gar schwer,
schleppte und polterte hinter ihm her.
Was drin war, möchtet ihr wissen?
Ihr Naseweise, ihr Schelmenpack,
denkt ihr, er wäre offen der Sack?
Zugebunden bis oben hin!
Doch war gewiss etwas Schönes drin!
Es roch so nach Äpfeln und Nüssen.

ANNA RITTER (1865–1921)

Walnussplätzchen

Ergibt 30–40 Stück

ZUTATEN:
100 g weiche Butter
150 g brauner Zucker
1 Ei
1 Vanilleschote, das Mark herausgekratzt
175 g Mehl, gesiebt
1 TL Backpulver
1 EL ungesüßtes Kakaopulver, gesiebt
50 g Schokoladentropfen
75 g Walnüsse, grob gehackt

Für den Teig die Butter mit dem braunen Zucker und dem Ei einige Minuten schaumig rühren. Das Mark der Vanilleschote zur Schaummasse geben und leicht unterrühren. Das Mehl, das Backpulver und das Kakaopulver vorsichtig unter die Buttermasse rühren. Zum Schluss die Schokoladentropfen und die gehackten Walnüsse unterheben.

Den Backofen auf 180 °C vorheizen. Aus dem Teig mithilfe eines Teelöffels kleine Portionen abnehmen und mit etwas Abstand auf ein mit Backpapier ausgelegtes Backblech legen. Die Walnussplätzchen 10–12 Minuten backen, aus dem Backofen nehmen und abkühlen lassen.

Schokoladenplätzchen

Ergibt 40–50 Stück

ZUTATEN:
250 g weiche Butter
250 g brauner Zucker
1 Päckchen Vanillezucker
1 Prise Salz
2 Eier
350 g Mehl, gesiebt
1 TL Backpulver
300 g Schokoladentropfen oder Zartbitterschokolade, gehackt

Für den Teig die Butter mit dem Zucker, dem Vanillezucker und dem Salz einige Minuten schaumig rühren. Die Eier dazugeben und weiterrühren. Zum Schluss das Mehl, das Backpulver und 200 Gramm der Schokoladentropfen unter den Teig heben.

Den Backofen auf 175 °C vorheizen. Aus dem Teig mithilfe eines Esslöffels Kugeln formen und mit etwas Abstand auf ein mit Backpapier ausgelegtes Backblech legen. Die Kugeln leicht platt drücken und mit den restlichen Schokoladentropfen bestreuen.

Die Schokoladenplätzchen 12–15 Minuten backen, aus dem Backofen nehmen und abkühlen lassen.

23

Mandelspekulatius

Ergibt 60 – 70 Stück

ZUTATEN:

500 g Mehl und etwas mehr zum Ausstreuen, gesiebt
250 g kalte Butter, gewürfelt
100 g Marzipanrohmasse, gewürfelt
300 g Zucker
2 Eier
2 TL Zimt
½ TL gemahlener Kardamom
1 Msp. Nelkenpulver
1 Msp. gemahlener Ingwer
1 Msp. geriebene Muskatnuss
1 Msp. Salz
1 EL abgeriebene Schale 1 unbehandelten Zitrone
100 g Mandelblättchen

Für den Teig das Mehl mit der Butter in eine Schüssel geben und gut miteinander verkneten. Danach die Marzipanrohmasse zusammen mit dem Zucker zu der Mehl-Butter-Masse geben und verkneten. Das Ei, die Gewürze, das Salz und die Zitronenschale dazugeben und alles zu einem homogenen Teig verarbeiten. Den Teig zu einer Kugel formen, in Frischhaltefolie wickeln und 2 Stunden im Kühlschrank ruhen lassen.

Den Backofen auf 180 °C vorheizen. Zwei Backbleche mit Backpapier auslegen und die Mandelblättchen daraufstreuen. Den Teig aus dem Kühlschrank nehmen und auf einer leicht bemehlten Arbeitsfläche etwa drei Millimeter dick ausrollen. Die Holzmodeln gut mit Mehl auspinseln, dabei das überschüssige Mehl abklopfen. Die Modeln in den Teig drücken, wieder abnehmen und den überschüssigen Teig rund um das Motiv mit einem kleinen Messer abschneiden. Die Teigstücke aus den Modeln vorsichtig auf das Backblech mit den Mandelblättchen klopfen.

Die Mandelspekulatius 10 Minuten backen, aus dem Backofen nehmen und abkühlen lassen.

✳ *Wenn Sie keine Holzmodeln für Spekulatius haben, können Sie den Teig natürlich auch mit beliebigen Formen ausstechen.*

Mandeltaler

Ergibt 40 – 50 Stück

FÜR DEN TEIG:
100 g blanchierte Mandeln, gehackt
250 g weiche Butter
120 g Zucker
1 Päckchen Vanillezucker
1 Prise Salz
4 Tropfen Bittermandelöl
1 EL Milch
300 g Mehl, gesiebt

FÜR DIE GLASUR:
1 Eiweiß, 75 g Zucker

Für den Teig die Mandeln in einer beschichteten Pfanne ohne Fett anrösten, bis sie eine goldgelbe Farbe haben. Herausnehmen und abkühlen lassen.

Die Butter in eine Schüssel geben und gut schaumig rühren. Zucker, Vanillezucker, Salz, Bittermandelöl und Milch dazugeben und weiterrühren, bis die Masse sehr hell und cremig ist. Das Mehl zusammen mit den angerösteten Mandeln unter die schaumige Buttermasse heben. Alles zu einem homogenen Teig verkneten und zu zwei Rollen mit einem Durchmesser von drei Zentimetern formen. Die Teigrollen in Frischhaltefolie wickeln und für 30 Minuten in das Tiefkühlfach stellen. Den Backofen auf 200 °C vorheizen.

Für die Glasur das Eiweiß verquirlen und den Zucker auf einen Teller streuen. Die Teigrollen aus dem Tiefkühlfach nehmen, mit dem Eiweiß bestreichen und anschließend im Zucker wenden. Von den Teigrollen mit einem scharfen Messer fünf Millimeter dicke Scheiben abschneiden und auf ein mit Backpapier ausgelegtes Backblech legen.

Die Mandeltaler 10 – 12 Minuten backen, bis sie goldgelb sind. Aus dem Backofen nehmen und abkühlen lassen.

Pistazienbutterplätzchen

Ergibt etwa 30 Stück

FÜR DEN TEIG:
80 g weiche Butter
80 g Zucker, 2 Eigelb
120 g Mehl, gesiebt
2 TL Backpulver
1 Msp. Salz
50 g Pistazien, gehackt

FÜR DIE GLASUR:
100 g Nugatmasse, gehackt

ZUM VERZIEREN:
30 g Pistazien, gehackt oder halbiert

Für den Teig die Butter mit dem Zucker vermengen. Die Eigelbe dazugeben und schaumig rühren. Die restlichen Zutaten unterheben. Den Teig zu einer Kugel formen, in Folie wickeln und für 30 Minuten kalt stellen.

Den Backofen auf 175 °C vorheizen. Den Teig aus dem Kühlschrank nehmen. Mithilfe eines Teelöffels kleine Portionen abnehmen und mit den Händen zu Kugeln formen. Mit etwas Abstand auf ein mit Backpapier ausgelegtes Backblech legen. Die Plätzchen 15 Minuten backen, bis sie goldgelb sind. Aus dem Backofen nehmen und abkühlen lassen.

Für die Glasur die Nugatmasse auf ein Wasserbad setzen, die Masse unter Rühren langsam schmelzen.

Die Plätzchen mit der Nugatmasse bestreichen und mit den gehackten oder halbierten Pistazien verzieren.

Nussbällchen

Ergibt etwa 30 Stück

FÜR DEN TEIG:
220 g Butter
120 g Zucker
1 Päckchen Vanillezucker
1 Prise Salz
2 EL flüssiger Honig
350 g Mehl, gesiebt
150 g gemahlene Haselnüsse
75 g Walnüsse, fein gehackt
30 Schokoladentröpfchen

ZUM VERZIEREN:
50 g gemahlene Haselnüsse

Für den Teig die Butter mit dem Zucker, Vanillezucker und dem Salz in einer Schüssel geschmeidig rühren. Den Honig untermengen. Das Mehl und die Nüsse vorsichtig unterheben. Zu einer festen Kugel formen, in Frischhaltefolie wickeln und für 1 Stunde in den Kühlschrank stellen.

Den Backofen auf 180 °C vorheizen. Den Teig aus dem Kühlschrank nehmen, mithilfe eines Teelöffels kleine Portionen abstechen, ein Schokoladentröpfchen in die Mitte geben und mit den Händen kirschgroße Kugeln formen. Die Kugeln in gemahlenen Haselnüssen wenden und auf ein mit Backpapier ausgelegtes Backblech legen. Für 1 weitere Stunde in den Kühlschrank stellen.

Die Nussbällchen aus dem Kühlschrank nehmen. 10 Minuten backen, aus dem Backofen nehmen und abkühlen lassen.

Nürnberger Springerle

Ergibt 30 – 40 Stück

ZUTATEN:

2 Eier
250 g Puderzucker, gesiebt
1 TL Vanillezucker
abgeriebene Schale
von ½ unbehandelten Zitrone
1 EL Arrak
250 g Mehl plus etwas
mehr für die Arbeitsfläche und
für die Holzmodel, gesiebt
1 TL Anispulver

Die Eier mit dem Puderzucker in einigen Minuten sehr schaumig rühren. Den Vanillezucker, die Zitronenschale und den Arrak unter die Schaummasse rühren. Zum Schluss das Mehl leicht unter die Masse heben und den Teig kurz kneten.

Ein Backblech mit Backpapier auslegen und das Anispulver auf dem Backblech verteilen. Den Teig auf einer bemehlten Arbeitsfläche etwa einen Zentimeter dick ausrollen. Die Holzmodel gut bemehlen, dabei das überschüssige Mehl abklopfen. Die Model in den Teig drücken, wieder abnehmen und den überschüssigen Teig rund um das Motiv mit einem kleinen Messer abschneiden. Die Teigstücke vorsichtig auf das Backblech mit dem Anispulver legen.

Das Backblech mit einem Küchentuch abdecken und die Springerle über Nacht trocknen lassen.

Am nächsten Tag den Backofen auf 150 °C vorheizen. Die Nürnberger Springerle 20 Minuten backen, bis sie hellgelb sind. Die Springerle aus dem Backofen nehmen und abkühlen lassen.

Anis: Der süße, aromatische Duft von Anis ist zwar nicht jedermanns Sache, aus der Weihnachtsbäckerei ist er aber nicht wegzudenken. Der Samen des Anis wird meist in gemahlener Form verwendet. Aufbewahren sollte man aber unbedingt die ganzen Samen, so behält der Anis sein Aroma.

Honig-Mandelhäufchen

Ergibt 40–50 Stück

FÜR DEN TEIG:

200 g Mandelblättchen
50 g Honig

FÜR DIE GLASUR:

120 g Vollmilchkuvertüre, klein gehackt

Die Mandelblättchen in einer beschichteten Pfanne ohne Fett anrösten. Den Honig in einem Topf erwärmen und die noch warmen Mandelblättchen daruntermischen.

Den Backofen auf 180 °C vorheizen. Die Mandel-Honig-Masse auf ein mit Backpapier ausgelegtes Backblech gießen und verteilen. Die Masse backen, bis sie goldgelb ist. Aus dem Backofen nehmen und abkühlen lassen.

Für die Glasur die Kuvertüre in eine Edelstahlschüssel geben und auf einen Topf mit kochendem Wasser setzen – die Schüssel darf nicht das Wasser berühren. Die Kuvertüre unter Rühren langsam schmelzen. Die geschmolzene Kuvertüre unter die Mandel-Honig-Mischung heben. Aus der Masse mithilfe eines Teelöffels kleine Portionen abstechen und in Form bringen. Auf ein Backblech legen und komplett abkühlen lassen.

Marzipanplätzchen

Ergibt 40–50 Stück

ZUTATEN:

150 g weiche Butter
100 g Zucker
1 Prise Salz
1 Ei
2 Tropfen Bittermandelöl
2 EL Schlagsahne
100 g Mehl, gesiebt
30 g Speisestärke, gesiebt
100 g Marzipanrohmasse, fein gehackt

Die Butter mit dem Zucker und dem Salz in einer Schüssel geschmeidig rühren. Das Ei hinzufügen und die Masse schaumig schlagen. Das Bittermandelöl und die Schlagsahne unterrühren. Das Mehl und die Speisestärke vorsichtig unter die Schaummasse rühren. Zum Schluss die Marzipanrohmasse in den Teig einarbeiten. Den Teig in Frischhaltefolie wickeln und für 1 Stunde in den Kühlschrank stellen.

Den Backofen auf 160 °C vorheizen. Den Teig aus dem Kühlschrank nehmen. Aus dem Teig mithilfe eines Teelöffels kleine Portionen abstechen und mit den Händen zu Kugeln formen. Die Kugeln mit Abstand auf ein mit Backpapier ausgelegtes Backblech legen.

Die Marzipanplätzchen 10 Minuten backen, bis sie goldgelb sind. Aus dem Backofen nehmen und abkühlen lassen.

FEINES AUS DER TÜLLE:

Von Makronen bis Spritzgebäck

Zuzusehen, wie Eiweiß zu luftigem Eischnee geschlagen wurde, fand ich schon als Kind toll. Sensationell, wenn meine Mutter dann die Rührschüssel umdrehte, um zu testen, ob der Eischnee fest genug war. Dann durfte ich langsam den Zucker einrieseln lassen und wenn die Mama kunstfertige Kringel aufs Blech gesetzt hatte, wurden sie von mir mit Zuckerperlen verziert. Nur als Christbaumschmuck konnten die Kränze nie verwendet werden, sie wurden immer schon vor Heiligabend verspeist.

Walnussmakronen mit Marzipan

Ergibt 40–50 Stück

FÜR DEN TEIG:
250 g Walnüsse, gehackt
100 g weiche Marzipanrohmasse
3 Eiweiß
1 Prise Salz
½ TL Zitronensaft
80 g Zucker
2 TL ungesüßtes Kakaopulver, gesiebt
100 g Zartbitterschokolade, gerieben
40–50 Backoblaten (40 mm Durchmesser)

ZUM VERZIEREN:
50 g Walnüsse, geviertelt

Für den Teig die Walnüsse in einer beschichteten Pfanne ohne Fett anrösten, aus der Pfanne nehmen und im Mixer zerkleinern. Die Marzipanrohmasse in eine Schüssel zerbröseln und mit einem Eiweiß verrühren. Die restlichen Eiweiße mit einer Prise Salz in einer Schüssel zu sehr steifem Schnee schlagen. Dabei den Zitronensaft und den Zucker langsam einrieseln lassen. So lange weiterschlagen, bis der Eischnee schön glänzend ist und kleine Spitzen nach oben zieht.

Den Backofen auf 160 °C vorheizen. Die Marzipanmasse mit etwa einem Drittel des Eischnees glatt rühren. Das Kakaopulver, die geriebene Schokolade, die gerösteten Walnüsse und den restlichen Eischnee vorsichtig unterheben. Mithilfe von zwei Teelöffeln gleich große Häufchen auf die Oblaten setzen. Die Makronen mit einem Stück Walnuss verzieren und auf ein mit Backpapier ausgelegtes Backblech legen.

Die Makronen 25 Minuten backen, aus dem Backofen nehmen und abkühlen lassen.

Pistazienmakronen

Ergibt etwa 40–50 Stück

FÜR DEN TEIG:
3 Eiweiß
1 Prise Salz
½ TL Zitronensaft
175 g Zucker
150 g gemahlene Pistazien

ZUM VERZIEREN:
30 g Pistazien

Für den Teig die Eiweiße mit einer Prise Salz in einer Schüssel zu sehr steifem Schnee schlagen. Dabei den Zitronensaft und den Zucker langsam einrieseln lassen. So lange weiterschlagen, bis der Eischnee schön glänzend ist und kleine Spitzen nach oben zieht.

Den Backofen auf 140 °C vorheizen. Die gemahlenen Pistazien vorsichtig unter den Eischnee heben. Die Masse in einen Spritzbeutel mit kleiner Lochtülle füllen und auf ein mit Backpapier ausgelegtes Backblech nicht zu große Tupfen spritzen.

Die Makronen mit den Pistazien verzieren und dann 25 Minuten backen. Aus dem Backofen nehmen und abkühlen lassen.

✳ *Die Lieblingsmakronen meines Mannes. Einfach köstlich, und sie bringen Farbe auf jeden Plätzchenteller.*

Zimtmakronen

Ergibt 40–50 Stück

ZUTATEN:

3 Eiweiß
1 Prise Salz
½ TL Zitronensaft
175 g Zucker
2 TL Vanillezucker
200 g gemahlene Mandeln
2 TL Zimt

Für den Teig die Eiweiße mit einer Prise Salz in einer Schüssel zu sehr steifem Schnee schlagen. Dabei den Zitronensaft und den Zucker langsam einrieseln lassen. So lange weiterschlagen, bis der Eischnee schön glänzend ist und kleine Spitzen nach oben zieht.

Den Backofen auf 140 °C vorheizen. Die gemahlenen Mandeln und das Zimtpulver vorsichtig unter den Eischnee heben. Die Masse in einen Spritzbeutel mit kleiner Lochtülle füllen und auf ein mit Backpapier ausgelegtes Backblech nicht zu große Tupfen spritzen.

Die Zimtmakronen 25 Minuten backen, aus dem Backofen nehmen und abkühlen lassen.

Kokosmakronen

Ergibt 40–50 Stück

FÜR DEN TEIG:

3 Eiweiß
1 Prise Salz
½ TL Zitronensaft
175 g Zucker
2 TL Vanillezucker
175 g Kokosflocken

FÜR DIE GLASUR:

100 g Zartbitterkuvertüre, klein gehackt

Für den Teig die Eiweiße mit einer Prise Salz in einer Schüssel zu sehr steifem Schnee schlagen. Dabei den Zitronensaft, den Zucker und den Vanillezucker langsam einrieseln lassen. So lange weiterschlagen, bis der Eischnee schön glänzt und kleine Spitzen nach oben zieht.

Den Backofen auf 140 °C vorheizen. Die Kokosflocken vorsichtig unter den Eischnee heben. Den Eischnee in einen Spritzbeutel mit kleiner Lochtülle füllen und auf ein mit Backpapier ausgelegtes Backblech nicht zu große Tupfen spritzen. Die Kokosmakronen 25 Minuten backen, aus dem Backofen nehmen und abkühlen lassen.

Für die Glasur die Kuvertüre in eine Edelstahlschüssel geben und auf einem Wasserbad unter Rühren langsam schmelzen. Die Unterseite der abgekühlten Makronen mithilfe einer Gabel in die Kuvertüre tauchen. Zum Abtropfen auf ein Gitter setzen und trocknen lassen.

Mandel-Schoko-Makronen

Ergibt 40–50 Stück

ZUTATEN:
3 Eiweiß
1 Prise Salz
½ TL Zitronensaft
175 g Zucker
2 TL Vanillezucker
175 g gemahlene Mandeln
75 g Zartbitterschokolade, gerieben

Für den Teig die Eiweiße mit einer Prise Salz in einer Schüssel zu sehr steifem Schnee schlagen. Dabei den Zitronensaft, den Zucker und den Vanillezucker langsam einrieseln lassen. So lange weiterschlagen, bis der Eischnee schön glänzt und kleine Spitzen nach oben zieht.

Den Backofen auf 140 °C vorheizen. Die gemahlenen Mandeln und die geriebene Schokolade vorsichtig unter den Eischnee heben. Den Eischnee in einen Spritzbeutel mit kleiner Lochtülle füllen und auf ein mit Backpapier ausgelegtes Backlech nicht zu große Tupfen spritzen. Die Makronen 25 Minuten backen, aus dem Backofen nehmen und abkühlen lassen.

Mokkamakronen

Ergibt 40–50 Stück

FÜR DEN TEIG:
3 Eiweiß
1 Prise Salz
½ TL Zitronensaft
175 g Zucker
2 TL Vanillezucker
200 g gemahlene Mandeln
2 EL fein gemahlenes Kaffee- oder Mokkapulver

ZUM VERZIEREN:
100 g Mokkabohnen aus Schokolade

Für den Teig die Eiweiße mit einer Prise Salz in einer Schüssel zu sehr steifem Schnee schlagen. Den Zitronensaft dazugeben und den Zucker sowie den Vanillezucker langsam einrieseln lassen. So lange weiterschlagen, bis der Eischnee schön glänzt und kleine Spitzen nach oben zieht.

Den Backofen auf 140 °C vorheizen. Die gemahlenen Mandeln und das Kaffeepulver vorsichtig unter den Eischnee heben. Den Eischnee in einen Spritzbeutel mit kleiner Lochtülle füllen und auf ein mit Backpapier ausgelegtes Backlech nicht zu große Tupfen spritzen.

Die Makronen mit je einer Mokkabohne verzieren und 25 Minuten backen. Aus dem Backofen nehmen und abkühlen lassen.

5

Baiserkringel

Ergibt 40–50 Stück
FÜR DEN TEIG:
3 Eiweiß
150 g Puderzucker, gesiebt

ZUM VERZIEREN:
kleine Zuckerperlen

Für den Teig die Eiweiße in einer Schüssel zu sehr steifem Schnee schlagen. Dabei den Puderzucker langsam einrieseln lassen. So lange weiterschlagen, bis der Eischnee schön glänzt und kleine Spitzen nach oben zieht.

Den Backofen auf 100 °C vorheizen. Den Eischnee in einen Spritzbeutel mit Sternentülle füllen und Kringel oder andere beliebige Formen auf ein mit Backpapier ausgelegtes Backblech spritzen. Mit Liebesperlen verzieren.

Die Baiserkringel 2 Stunden im Backofen trocknen lassen. Während des Trocknens sollte die Tür des Backofens mithilfe eines Holzspatels oder Ähnlichem einen Spalt offen gehalten werden, damit die Feuchtigkeit entweichen kann. Baiserkringel aus dem Backofen nehmen und abkühlen lassen.

Baiserkringel sollten Sie unbedingt gut verschlossen in einer Dose aufbewahren. Zum einen, damit sie nicht zäh werden und zum anderen, damit sie nicht ganz so schnell aufgegessen werden.

Schokoladenmakronen mit Füllung

Ergibt 40 – 50 Stück

FÜR DEN TEIG:
125 g gemahlene Mandeln
25 g ungesüßtes Kakaopulver, gesiebt
150 g Puderzucker, gesiebt
4 Eiweiß (100 g)
150 g feiner Zucker

FÜR DIE FÜLLUNG:
100 g Nugatmasse

Die Mandeln, das Kakaopulver und den Puderzucker in einem Mixer sehr fein mahlen und beiseitestellen. Zwei Eiweiß (50g) zu sehr steifem Schnee schlagen, bis der Eischnee schön glänzend ist und kleine Spitzen nach oben zieht.

In der Zwischenzeit den Zucker mit 50 Milliliter Wasser in einem Topf erhitzen. Den heißen Zuckersirup vorsichtig in den steif geschlagenen Eischnee laufen lassen. Die Masse zum Abkühlen etwas weiterschlagen.

Den Backofen auf 140 °C vorheizen. Die restlichen Eiweiße und das beiseitegestellte Mandel-Kakao-Pulver dazugeben und so lange rühren, bis ein homogener und zähflüssiger Teig entsteht. Den Teig in einen Spritzbeutel mit kleiner Lochtülle füllen und auf ein mit Backpapier ausgelegtes Backblech gleichmäßige, nicht zu große Tupfen spritzen. Die Makronen etwa 15 Minuten trocknen lassen.

Die Makronen 15 Minuten backen, aus dem Backofen nehmen und abkühlen lassen.

Für die Glasur die Nugatmasse in eine Edelstahlschüssel geben und auf einen Topf mit kochendem Wasser setzen – die Schüssel darf nicht das Wasser berühren. Die Nugatmasse unter Rühren langsam schmelzen. Die Hälfte der abgekühlten Makronen umdrehen und die Nugatmasse mit einem Messer auf die Unterseite streichen. Eine gleich große Makrone daraufsetzen und leicht andrücken. Die fertigen Schokoladenmakronen trocknen lassen.

Damit dieses Rezept gelingt, sollten Sie unbedingt die Eiweißmengen genau abwiegen. Gefüllte Makronen auf keinen Fall im Kühlschrank lagern, da sie sonst zäh werden – das wäre schade drum!

Orangenmakronen

Ergibt etwa 40–50 Stück

ZUTATEN:
13 Eiweiß
½ TL Zitronensaft
1 EL Orangensaft
150 g Puderzucker, gesiebt
abgeriebene Schale von
½ unbehandelten Orange
30 g Orangeat, klein gehackt
50 g Schokoladenraspel
50 g gemahlene Mandeln

Die Eiweiße mit dem Zitronensaft in einer Schüssel zu sehr steifem Schnee schlagen. Dabei den Orangensaft und den Puderzucker langsam einrieseln lassen. So lange weiterschlagen, bis der Eischnee schön glänzend ist und kleine Spitzen nach oben zieht.

Den Backofen auf 140 °C vorheizen. Die abgeriebene Orangenschale, das Orangeat, die Schokoladenraspel und die gemahlenen Mandeln vorsichtig unter den Eischnee heben. Mithilfe von zwei Teelöffeln kleine Häufchen auf ein mit Backpapier ausgelegtes Backblech setzen. Die Orangenmakronen 25 Minuten backen, aus dem Backofen nehmen und abkühlen lassen.

Orangenmakronen sind ein wunderbar zartes und fruchtiges Gebäck, das jeden Plätzchenteller bereichert.

Orangen- und Zitronenschale: Die Schale von unbehandelten Zitrusfrüchten aromatisiert nicht nur Gebäck, sondern auch Punsch und Konfitüren.

DER SCHÖNSTE BAUM

Ich kenne ein Bäumchen gar fein und zart,
das trägt euch Früchte seltener Art.
Es funkelt und leuchtet bei hellem Schein
weit in des Winters Nacht hinein.
Das sehen die Kinder und freuen sich sehr
und pflücken vom Bäumchen –
und pflücken es leer!

DICHTER UNBEKANNT

Gefülltes Spritzgebäck

Ergibt 40–50 Stück

FÜR DIE FÜLLUNG:
80 g Butter
100 g Zucker
120 g blanchierte Mandeln, gehackt

FÜR DEN TEIG:
150 g weiche Butter
100 g Puderzucker, gesiebt
1 Päckchen Vanillezucker
1 Prise Salz
1 Ei
2 EL Sahne
200 g Mehl, gesiebt
20 g Speisestärke, gesiebt

FÜR DIE GLASUR:
200 g Zartbitterkuvertüre, klein gehackt

Für die Füllung die Butter in einem Topf schmelzen, den Zucker dazugeben und so lange rühren, bis sich der Zucker aufgelöst hat. Dann die gehackten Mandeln unterheben und die Krokantmasse auf einen Bogen Backpapier gießen. Einen zweiten Bogen Backpapier darauflegen und die Krokantmasse mit einer Teigrolle flach ausrollen. Für 3–4 Stunden in den Kühlschrank stellen.

Für den Teig die Butter mit dem Puderzucker, dem Vanillezucker und dem Salz zu einer cremigen Masse verrühren. Das Ei und die Sahne dazugeben und alles schaumig rühren. Zum Schluss das Mehl und die Speisestärke vorsichtig unterheben. Den Teig in einen Spritzbeutel mit Sternentülle füllen und nicht zu große Ringe auf ein mit Backpapier ausgelegtes Backblech spritzen.

Den Backofen auf 160 °C vorheizen. Die Krokantplatte aus dem Kühlschrank nehmen und in etwa zwei Zentimeter große Stücke brechen. Die Krokantstücke in die Mitte der gespritzten Ringe legen. Das Spritzgebäck 15 Minuten backen, aus dem Backofen nehmen und abkühlen lassen.

Für die Glasur die Kuvertüre in eine Edelstahlschüssel geben und auf einen Topf mit kochendem Wasser setzen – die Schüssel darf nicht das Wasser berühren. Die Kuvertüre unter Rühren langsam schmelzen. Das Spritzgebäck mit der Unterseite vorsichtig mithilfe zweier Gabeln in die geschmolzene Kuvertüre tauchen. Auf einem Kuchengitter trocknen lassen.

Hübsch sieht es auch aus, wenn man zusätzlich zum Krokant eine kandierte Kirsche oder einige gehackte Pistazien auf die Plätzchen legt.

Nugatstangen

Ergibt 30–40 Stück

FÜR DEN TEIG:
225 g weiche Butter
100 g Puderzucker, gesiebt
1 Päckchen Vanillezucker
3 Eigelb
½ TL Zimt
200 g Mehl, gesiebt
40 g ungesüßtes Kakaopulver, gesiebt
1 TL Backpulver
125 g gemahlene Haselnüsse

FÜR DIE FÜLLUNG:
100 g Nugatmasse, fein gehackt

FÜR DIE GLASUR:
100 g Zartbitterkuvertüre, klein gehackt

Für den Teig die Butter mit dem Puderzucker und dem Vanillezucker in einer Schüssel cremig rühren. Nach und nach die Eigelbe und den Zimt dazugeben und so lange weiterrühren, bis eine geschmeidige und schaumige Masse entsteht. Das Mehl, das Kakaopulver und das Backpulver zu der Schaummasse geben und vorsichtig unterheben. Zum Schluss die Haselnüsse unterrühren.

Den Backofen auf 175 °C vorheizen. Den Teig in einen Spritzbeutel geben und mit einer Kronentülle vier Zentimeter lange Stangen auf ein mit Backpapier ausgelegtes Backblech spritzen. Die Nugatstangen 7–10 Minuten backen, aus dem Backofen nehmen und abkühlen lassen.

Für die Füllung die Nugatmasse in eine Edelstahlschüssel geben und auf einen Topf mit kochendem Wasser setzen – die Schüssel darf nicht das Wasser berühren. Die Nugatmasse unter Rühren langsam schmelzen lassen. Mit der Nugatmasse die Stangen an der flachen Seite bestreichen und immer zwei zusammensetzen. Die Nugatstangen auf einem Gitter trocknen lassen.

Für die Glasur die Kuvertüre wie die Nugatmasse schmelzen. Die fertigen Stangen zunächst an einer Seite in die Kuvertüre tauchen, dann die andere Seite eintauchen. Auf ein Gitter legen und trocknen lassen.

✳ *Statt der Nugatmasse kann man zum Zusammensetzen auch Johannisbeergelee verwenden. Die Plätzchen haben dann eine fruchtig-säuerliche Note, die wunderbar mit den Haselnüssen und der Schokolade harmoniert.*

Orangenspritzgebäck

Ergibt 50–60 Stück
FÜR DEN TEIG:
240 g weiche Butter
140 g Puderzucker, gesiebt
1 Prise Salz
2 Eigelb
abgeriebene Schale von
1 unbehandelten Orange
100 g gemahlene Mandeln
300 g Mehl, gesiebt

FÜR DIE GLASUR:
100 g Zartbitterkuvertüre,
klein gehackt

Für den Teig die Butter mit dem Puderzucker in einer Schüssel cremig rühren. Nach und nach eine Prise Salz, die Eigelbe und die Orangenschale dazugeben und so lange weiterrühren, bis eine geschmeidige und schaumige Masse entsteht. Die Mandeln und das Mehl vorsichtig unter die Schaummasse geben.

Den Backofen auf 180 °C vorheizen. Den Teig in einen Spritzbeutel füllen und Streifen oder Kringel auf ein mit Backpapier ausgelegtes Backblech spritzen. Das Spritzgebäck 10 Minuten backen, aus dem Backofen nehmen und abkühlen lassen.

Für die Glasur die Kuvertüre in eine Edelstahlschüssel geben und auf einen Topf mit kochendem Wasser setzen – die Schüssel darf nicht das Wasser berühren. Die Kuvertüre unter Rühren langsam schmelzen lassen. Das Orangenspritzgebäck mithilfe zweier Gabeln leicht in die geschmolzene Kuvertüre tauchen und auf einem Kuchengitter trocknen lassen.

Schokospritzgebäck

Ergibt 50–60 Stück
FÜR DEN TEIG:
240 g weiche Butter
100 g Zartbitterkuvertüre,
klein gehackt
100 g Puderzucker, gesiebt
1 Prise Salz
2 Eigelb
80 g gemahlene Haselnüsse
300 g Mehl, gesiebt

FÜR DIE GLASUR:
100 g Zartbitterkuvertüre,
klein gehacktt

Für den Teig die Butter in einer Schüssel cremig rühren. Die Kuvertüre in einer Edelstahlschüssel auf ein Wasserbad setzen. Die Kuvertüre unter Rühren langsam schmelzen lassen.

Nach und nach den Puderzucker, das Salz und die Eigelbe zu der Butter geben und so lange weiterrühren, bis eine schaumige Masse entsteht. Die Haselnüsse und das Mehl vorsichtig unterheben. Zum Schluss die Kuvertüre unterrühren.

Den Backofen auf 180 °C vorheizen. Den Teig in einen Spritzbeutel füllen und Kringel auf ein mit Backpapier ausgelegtes Backblech spritzen, 8–10 Minuten backen, aus dem Backofen nehmen und abkühlen lassen.

Für die Glasur die Kuvertüre wie zuvor auch schmelzen. Das abgekühlte Spritzgebäck zur Hälfte in die geschmolzene Kuvertüre tauchen und auf einem Kuchengitter trocknen lassen.

1
2

Zitronenstangen

Ergibt 50–60 Stück

FÜR DEN TEIG:
150 g weiche Butter
125 g Zucker
1 Msp. Salz
1 Ei, verquirlt
1 Eigelb
abgeriebene Schale von 2 unbehandelten Zitronen
150 g Mehl, gesiebt
100 g Speisestärke, gesiebt

FÜR DIE GLASUR:
100 g Puderzucker, gesiebt
4–5 EL Zitronensaft

ZUM VERZIEREN:
50 g Pistazien, fein gehackt

Für den Teig die Butter mit dem Zucker in einer Schüssel cremig rühren. Nach und nach das Salz, das Ei und das Eigelb dazugeben und so lange weiterrühren, bis eine schaumige Masse entsteht. Die Zitronenschale, das Mehl und die Speisestärke zu der Schaummasse geben und alles zu einem geschmeidigen Teig verrühren.

Den Teig in einen Spritzbeutel füllen und mit einer nicht zu großen Kronenspitze auf ein mit Backpapier ausgelegtes Backblech etwa vier Zentimeter lange Stangen spritzen. Die Stangen für 30 Minuten in den Kühlschrank stellen. Den Backofen auf 180 °C vorheizen. Anschließend die Stangen 10–12 Minuten backen, aus dem Backofen nehmen und abkühlen lassen.

Für die Glasur den Puderzucker und den Zitronensaft zu einer dickflüssigen Masse verrühren. Jeweils eine Seite der Zitronenstangen mit der Glasur bestreichen und mit Pistazien verzieren.

Marzipanspritzgebäck

Ergibt 40–50 Stück

FÜR DEN TEIG:
200 g weiche Butter
100 g Zucker
200 g Marzipanrohmasse, klein gewürfelt
1 Ei
3 Tropfen Bittermandelöl
100 g Speisestärke, gesiebt
200 g Mehl, gesiebt
1 TL Backpulver

ZUM VERZIEREN:
100 g Zartbitterkuvertüre, klein gehackt

Für den Teig die Butter mit dem Zucker cremig rühren. Marzipan, Ei und Bittermandelöl zu der Butter geben und so lange weiterrühren, bis eine geschmeidige Masse entsteht. Das Mehl, die Speisestärke und das Backpulver zu der Schaummasse geben und vorsichtig unterheben.

Den Backofen auf 170 °C vorheizen. Den Teig mit einem Spritzbeutel in beliebigen Formen auf ein mit Backpapier ausgelegtes Backblech spritzen. Das Spritzgebäck 10 Minuten backen, aus dem Backofen nehmen und abkühlen lassen.

Zum Verzieren die Kuvertüre in einer Edelstahlschüssel auf einem Wasserbad unter Rühren langsam schmelzen lassen. Die geschmolzene Kuvertüre in einen Einwegspritzbeutel geben und eine winzige Ecke davon abschneiden. Mit schnellen Bewegungen Schokoladenstriche über die Plätzchen ziehen.

Zimtspritzgebäck

Ergibt 30–40 Stück

FÜR DEN TEIG:
200 g weiche Butter
150 g Zucker
1 Msp. Salz
1 Ei
2 Eigelb
2 TL Zimt
175 g Mehl, gesiebt
100 g Speisestärke, gesiebt

FÜR DIE FÜLLUNG:
150 g Orangenmarmelade

FÜR DIE GLASUR:
150 g Zartbitterkuvertüre, klein gehackt

Die Butter mit Salz und Zucker cremig rühren. Ei, Eigelbe und Zimt zu der Butter geben und so lange weiterrühren, bis eine geschmeidige Masse entsteht. Mehl und Speisestärke geschmeidig unterheben.

Den Backofen auf 175 °C vorheizen. Den Teig in einen Spritzbeutel mit Kronentülle füllen und kleine Kringel auf ein mit Backpapier ausgelegtes Backblech spritzen, dann für 30 Minuten kalt stellen. Das Gebäck 10–12 Minuten backen, aus dem Backofen nehmen und abkühlen lassen.

Die Orangenmarmelade in einem Topf erwärmen, dann durch ein Sieb streichen. Damit die Hälfte der Kringel bestreichen, die restlichen daraufsetzen und trocknen lassen.

Die Kuvertüre wie oben (Marzipanspritzgebäck) schmelzen. Einen Tupfer Kuvertüre auf die Zimtkringel geben.

Gespritzte Linzer

Ergibt 40–50 Stück

FÜR DEN TEIG:
220 g weiche Butter
1 Prise Salz
100 g Puderzucker, gesiebt
1 Ei
1 Eigelb
1 Vanilleschote, das Mark herausgekratzt
1 Prise Salz
300 g Mehl, gesiebt

FÜR DIE FÜLLUNG:
100 g Johannisbeergelee

FÜR DIE GLASUR:
100 g Zartbitterkuvertüre, klein gehackt

Für den Teig die Butter mit Salz und Zucker in einer Schüssel cremig rühren. Das Ei, das Eigelb und das Mark der Vanilleschote zu der Butter geben und so lange weiterrühren, bis eine geschmeidige Masse entsteht. Das Mehl zu der Schaummasse geben und vorsichtig unterheben. Alles zu einem geschmeidigen Teig vermengen.

Den Backofen auf 200 °C vorheizen. Den Teig in einen Spritzbeutel mit Lochtülle geben. Mit etwas Abstand kleine Tupfen auf ein mit Backpapier ausgelegtes Backblech spritzen. Das Spritzgebäck 10 Minuten backen, aus dem Backofen nehmen und abkühlen lassen.

Das Johannisbeergelee in einem Topf erwärmen und glatt rühren. Die Hälfte der gespritzten Linzer mit Johannisbeergelee bestreichen, die restlichen Linzer daraufsetzen und trocknen lassen.

Die Kuvertüre in eine Edelstahlschüssel geben und auf einen Topf mit kochendem Wasser setzen – die Schüssel darf nicht das Wasser berühren. Die Kuvertüre unter Rühren langsam schmelzen lassen. Die Linzer Plätzchen zur Hälfte in die geschmolzene Kuvertüre tauchen und auf einem Kuchengitter trocknen lassen.

✳ *Sie können natürlich auch jede andere rote Konfitüre verwenden.*

GEBACKEN UND GESCHNITTEN:

Von Magenbrot bis Honigkuchen

Wenn im Herbst Jahrmarkt in der Stadt ist, bekommt man schon einen kleinen Vorgeschmack auf die Weihnachtszeit. Denn traditionell kaufen wir dann immer eine Tüte Magenbrot – und das duftet doch schon deutlich nach Zimt und Nelken. Zugegeben, bis es dann Advent wird und das Plätzchenbacken losgeht, sind die Reste schon hart geworden, aber dann macht es ja so richtig Spaß, diesen Klassiker vom Rummelplatz auch mal selbst zu Hause zu machen. Und wenn die Zeit dafür nicht reicht, gibt es das gute alte Magenbrot auch auf jedem Weihnachtsmarkt.

Zitronenschnitten

Ergibt 40–50 Stück

FÜR DEN TEIG:
500 g Mehl plus etwas mehr für die Arbeitsfläche, gesiebt
2 TL Backpulver
150 g Zucker
2 EL Vanillezucker
1 Prise Salz
250 g kalte Butter, gewürfelt
2 Eier

FÜR DIE FÜLLUNG:
250 g gemahlene Mandeln
150 g Zucker
100 g flüssiger Honig
Saft von 3 Zitronen
abgeriebene Schale von 2 unbehandelten Zitronen

FÜR DIE GLASUR:
150 g Puderzucker, gesiebt
4 EL Zitronensaft

ZUM VERZIEREN:
75 g blanchierte Mandeln, halbiert

Für den Teig das Mehl mit dem Backpulver, dem Zucker, Vanillezucker und dem Salz in einer Schüssel mischen. In die Mitte eine Mulde drücken und die Eier hineinschlagen. Am Rand der Mulde die Butter verteilen. Alles rasch zu einem Mürbeteig verkneten, in Frischhaltefolie wickeln und für 30 Minuten kalt stellen.

Den Teig aus dem Kühlschrank nehmen und halbieren. Jede Hälfte auf einer leicht bemehlten Arbeitsfläche zu zwei gleich großen Teigplatten ausrollen. Eine Platte auf ein mit Backpapier belegtes Backblech legen, die andere Platte auf Backpapier legen und kühl stellen.

Für die Füllung die Mandeln mit dem Zucker, dem Honig und dem Zitronensaft in einer Schüssel vermengen. Die Zitronenschale dazugeben und gut unterrühren. Die Füllung auf die Teigplatte streichen und mit einem Teigschaber gleichmäßig verteilen. Dabei am Teigrand etwa einen Zentimeter frei lassen.

Den Backofen auf 175 °C vorheizen. Die zweite Teigplatte aus dem Kühlschrank nehmen und vorsichtig auf die Füllung stürzen, dabei das Backpapier abziehen. Die Ränder gut andrücken und die Teigplatte mehrmals mit einem Zahnstocher einstechen. Die Schnitten 20 Minuten backen, aus dem Backofen nehmen und abkühlen lassen.

Für die Glasur den Puderzucker und den Zitronensaft zu einer dickflüssigen Masse verrühren. Die Zuckerglasur mit einem Teigschaber auf der oberen Teigplatte verstreichen, fest werden lassen und gleichmäßige Rauten aus den Platten schneiden. Jedes Schnittchen mit einer halbierten Mandel verzieren.

Eine wunderbare Variante sind auch Orangenschnitten. Ersetzen Sie dafür einfach die Zitronen durch Orangen.

Kokoswürfel

Ergibt 40 – 50 Stück

FÜR DEN TEIG:
200 g Vollmilchschokolade, klein gehackt
250 g weiche Butter
150 g Zucker
1 EL Vanillezucker
1 Msp. Salz
6 Eier
150 g gemahlene Mandeln
200 g Kokosraspel
100 g Mehl, gesiebt

FÜR DIE GLASUR:
150 g Vollmilchkuvertüre, klein gehackt

ZUM VERZIEREN:
50 g Kokosraspel oder Kokoschips

Für den Teig die Vollmilchschokolade in eine Edelstahlschüssel geben und auf einen Topf mit kochendem Wasser setzen – die Schüssel darf nicht das Wasser berühren. Die Schokolade unter Rühren langsam schmelzen lassen.

Die Butter mit dem Zucker, dem Vanillezucker und dem Salz in einer Schüssel cremig rühren. Die Eier nach und nach zu der Butter geben und so lange weiterrühren, bis eine geschmeidige Masse entsteht. Die geschmolzene Schokolade vorsichtig unter die Schaummasse heben und die Mandeln, die Kokosraspel und das Mehl unterrühren. Alles zu einem homogenen Teig vermengen.

Den Backofen auf 180 °C vorheizen. Den Teig auf ein mit Backpapier belegtes Backblech gießen und mit einem Teigschaber gleichmäßig verstreichen. Den Teig 15 Minuten backen, aus dem Backofen nehmen und abkühlen lassen.

Für die Glasur die Vollmilchkuvertüre in eine Edelstahlschüssel geben und auf einen Topf mit kochendem Wasser setzen – die Schüssel darf nicht das Wasser berühren. Die Kuvertüre unter Rühren langsam schmelzen lassen.

Die abgekühlte Teigplatte in gleichmäßig große Würfel schneiden. Mit der geschmolzenen Kuvertüre überziehen und mit einigen Kokosraspeln verzieren. Die Würfel auf einem Kuchengitter trocknen lassen.

✶ *Sie können die Kokoswürfel auch komplett in Kuvertüre tauchen und danach in Kokosraspeln wenden.*

Magenbrot

Ergibt 60–70 Stück

FÜR DEN TEIG:
80 g weiche Butter
1 Ei
375 g Zucker
1 EL ungesüßtes Kakaopulver, gesiebt
½ TL Piment
1 EL Zimt
1 TL gemahlener Kardamom
1 TL Nelkenpulver
150 ml Kaffee
750 g Mehl, gesiebt
1 Päckchen Backpulver

FÜR DIE GLASUR:
250 g Puderzucker, gesiebt
90 g ungesüßtes Kakaopulver
20 g Butter
2 EL Kirschwasser

Für den Teig die Butter, das Ei und den Zucker in eine Schüssel geben und schaumig rühren. Das Kakaopulver, alle Gewürze und den Kaffee dazugeben und alles gut miteinander verrühren. Das Mehl und das Backpulver portionsweise unter den Teig rühren. Alles fest verkneten, bis der Teig eine schön glänzende Oberfläche hat.

Den Backofen auf 200 °C vorheizen. Aus dem Teig Rollen mit einem Durchmesser von etwa drei Zentimeter formen. Anschließend etwas flach drücken und vorsichtig auf ein mit Backpapier ausgelegtes Backblech legen. Die Teigrollen 20 Minuten backen, aus dem Backofen nehmen und noch heiß in Rauten schneiden. Anschließend in Ruhe abkühlen lassen.

Für die Glasur den Puderzucker und das Kakaopulver mit 125 Milliliter Wasser in einem kleinen Topf aufkochen und gut verrühren. Die Butter und das Kirschwasser unterrühren. Die abgekühlten Magenbrote in die Glasur tauchen und auf einem Kuchengitter trocknen lassen.

Schwarz-Weiß-Gebäck

Ergibt 60–70 Stück

ZUTATEN:

250 g weiche Butter
250 g Zucker
2 EL Vanillezucker
2 Eier
2 EL Arrak
500 g Mehl plus etwas mehr für die Arbeitsfläche, gesiebt
½ TL Backpulver
2 EL ungesüßtes Kakaopulver, gesiebt
1 EL Zucker
1 Eiweiß

Für den Teig die Butter mit dem Zucker und dem Vanillezucher in einer Schüssel cremig rühren. Nach und nach die Eier und den Arrak dazugeben und so lange weiterrühren, bis eine geschmeidige und schaumige Masse entsteht. Das Mehl und das Backpulver zu der Schaummasse geben und vorsichtig unterheben. Den Teig halbieren. In die eine Hälfte das Kakaopulver und den Zucker kneten und beide Teighälften für etwa 30 Minuten in den Kühlschrank stellen.

Die Teigplatten aus dem Kühlschrank nehmen und auf einer leicht bemehlten Arbeitsfläche etwa drei Millimeter dick ausrollen. Eine Teigplatte mit dem Eiweiß bestreichen, die andere Teigplatte vorsichtig darüberlegen. Beide Platten fest zusammenrollen und nochmals für 30 Minuten in den Kühlschrank stellen.

Den Backofen auf 200 °C vorheizen. Die Teigrollen aus dem Kühlschrank nehmen. Etwa fünf Millimeter dicke Scheiben von den Rollen abschneiden und auf ein mit Backpapier belegtes Backblech legen. Das Schwarz-Weiß-Gebäck 8 – 10 Minuten backen, aus dem Backofen nehmen und abkühlen lassen.

Gewürzschnitten

Ergibt 40–50 Stück

FÜR DEN TEIG:

250 g Vollmilchkuvertüre, klein gehackt
125 g weiche Butter
250 g Zucker
8 Eier
1 EL Zimt
1 TL Nelkenpulver
¼ TL Piment
¼ TL gemahlener Ingwer
¼ TL geriebene Muskatnuss
150 g Mehl, gesiebt
150 g Vollkornmehl
1 TL Backpulver
200 g gehackte Haselnüsse
100 g blanchierte Mandeln, gehackt

ZUM BESTAUBEN:

2–3 EL Puderzucker

Für den Teig die Kuvertüre in eine Edelstahlschüssel geben und auf einen Topf mit kochendem Wasser setzen – die Schüssel darf nicht das Wasser berühren. Die Kuvertüre unter Rühren langsam schmelzen.

Die Butter mit dem Zucker in einer Schüssel schaumig schlagen. Nach und nach die geschmolzene Schokolade zugießen und alles zu einer cremigen Masse verarbeiten. Nach und nach die Eier unter die Creme rühren, bis eine geschmeidige Masse entsteht. Zum Schluss die Gewürze, die beiden Mehlsorten und das Backpulver zu der Schokoladenmasse geben und mit den Mandeln und Haselnüssen unterheben.

Den Backofen auf 160 °C vorheizen. Den Teig auf ein mit Backpapier ausgelegtes Backblech gleichmäßig verstreichen und 45 Minuten backen. Die Teigplatte aus dem Backofen nehmen und abkühlen lassen.

Die abgekühlte Teigplatte in gleichmäßig große Würfel schneiden und mit dem Puderzucker bestauben.

Muskat: Die Muskatnuss ist ein sehr kräftiges Gewürz, daher sollte man sie immer sparsam dosieren. Lebkuchen, Gewürzschnitten oder Früchtebrote verlangen nur einen Hauch davon. Kaufen Sie immer ganze Muskatnüsse und reiben Sie die Nuss nach Bedarf – so behält sie länger ihr Aroma.

Baumkuchenspitzen

Ergibt 30–40 Stück

FÜR DEN TEIG:
250 g weiche Butter
250 g Zucker
1 Vanilleschote, das Mark herausgekratzt
abgeriebene Schale von 1 unbehandelten Zitrone
3 EL Rum
3 EL Sahne
5 Eier
125 g Mehl, gesiebt
125 g Speisestärke, gesiebt

ZUM APRIKOTIEREN:
200 g Aprikosenkonfitüre

FÜR DIE GLASUR:
200 g Zartbitterkuvertüre, klein gehackt

Für den Teig die Butter mit dem Zucker in einer Schüssel cremig rühren. Das Mark der Vanilleschote, die Zitronenschale, den Rum und die Sahne unter die Buttermasse rühren. Nach und nach die Eier unter die Creme rühren und so lange weiterrühren, bis eine geschmeidige und schaumige Masse entsteht. Zum Schluss das Mehl und die Speisestärke vorsichtig unter die Schaummasse heben.

Die Grillfunktion des Backofens einschalten. Einen Backrahmen auf ein mit Backpapier ausgelegtes Backblech stellen und etwa vier Esslöffel Teig gleichmäßig darin verstreichen. Den Teig unter dem Grill des Backofens goldbraun backen, aus dem Backofen nehmen und die nächste Teigschicht auf die gebackene Teigplatte streichen. Auf dieselbe Weise unter dem Grill backen. So weiter verfahren, bis der Teig komplett aufgebraucht ist.

Zum Aprikotieren die Aprikosenkonfitüre in einem kleinen Topf erwärmen und durch ein Sieb streichen. Die Teigplatte damit aprikotieren (bestreichen) und leicht trocknen lassen.

Für die Glasur die Zartbitterkuvertüre in eine Edelstahlschüssel geben und auf einen Topf mit kochendem Wasser setzen – die Schüssel darf nicht das Wasser berühren. Die Kuvertüre unter Rühren langsam schmelzen.

Mit einem Messer die Teigplatte in gleichmäßige Dreiecke schneiden und die einzelnen Baumkuchenspitzen mit der Schokoladenglasur überziehen und auf einem Kuchengitter trocknen lassen.

Ingwerschnitten

Ergibt 30–40 Stück

FÜR DEN TEIG:
250 g Zartbitterschokolade, gehackt
300 g Butter
4 Eier
200 g Zucker
75 g kandierter Ingwer, klein gehackt
200 g blanchierte Mandeln, gehackt
225 g Mehl, gesiebt

ZUM BESTAUBEN:
2–3 EL ungesüßtes Kakaopulver

ZUM VERZIEREN:
50 g kandierter Ingwer, klein gehackt
50 g Zartbitterkuvertüre, gehackt

Die Schokolade zusammen mit der Butter in einem Topf geben, bei kleiner Temperatur schmelzen. Die Eier mit dem Zucker in einer Schüssel schaumig schlagen. Die inzwischen abgekühlte Schokoladen-Butter-Masse zugießen und mit den restlichen Zutaten zu einer cremigen Masse verrühren.

Den Backofen auf 180 °C vorheizen. Den Teig in eine tiefere, mit Backpapier ausgelegte Auflaufform geben. Den Teig 20 Minuten backen, herausnehmen und abkühlen lassen. In Würfel schneiden und mit Kakaopulver bestauben.

Die Kuvertüre in einer Edelstahlschüssel auf einem Wasserbad unter Rühren langsam schmelzen. Den restlichen Ingwer mithilfe der geschmolzenen Kuvertüre auf die Würfel setzen. Die Schnitten auf einem Kuchengitter trocknen lassen.

Walnusswürfel

Ergibt 30–40 Stück

FÜR DEN TEIG:
250 g Mehl, gesiebt
100 g gemahlene Walnüsse
150 g Zucker, ¼ TL Salz
180 g kalte Butter, gewürfelt
abgeriebene Schale
von 1 unbehandelten Orange
1 EL Orangesaft, frisch gepresst
1 Eigelb, 200 g Orangenmarmelade

ZUM VERZIEREN:
125 g Puderzucker, gesiebt
1–2 EL Orangensaft
100 g Walnüsse, geviertelt

Mehl, Walnüsse, Zucker und Salz mischen, mit Butter krümelig reiben. In eine Mulde Orangenschale, Orangensaft und Eigelb geben. Die Masse zu einer Kugel formen, aber nicht kneten, in Frischhaltefolie 1 Stunde kühlen.

Den Backofen auf 160 °C vorheizen. Den gekühlten Teig ausrollen, auf ein Backblech mit Backpapier legen. Die Teigplatte halbieren und beide Platten 20–25 Minuten backen.

Die Orangenmarmelade erwärmen und glatt rühren. Eine Teigplatte noch heiß in etwa drei Zentimeter breite Streifen schneiden. Die zweite Teigplatte mit Marmelade bestreichen und mit Teigstreifen belegen. Noch warm in gleichmäßige Würfel schneiden.

Puderzucker und Saft verrühren. Die Würfel mit der Glasur bestreichen und mit je einem Walnussstückchen verzieren.

VALNUßWÜRFEL
&
INGWER-

Seit einigen Jahren finden meine Töchter bei ihren Nikolaussäckchen einen Brief vom Nikolaus. Er weiß darin erstaunlich gut Bescheid über die beiden und vergisst natürlich auch Lob und Tadel nicht.

EIN BRIEF VOM NIKOLAUS

Liebe Ina, liebe Anna! *6. Dezember*

Wie schade, dass ich euch nicht angetroffen habe, aber vielleicht klappt es ja im nächsten Jahr? Ich habe mich sehr gefreut, dass Ina jetzt so ein großes und vernünftiges Mädchen ist, das ganz alleine das Spielzimmer aufräumt. Hoffentlich bleibt das so. Und eine ganz hübsche und kluge Maus bist du, mit deinen braunen Haaren und deinen großen Äuglein, die alles wissen wollen! Stimmt es, dass du so toll malen kannst? Vielleicht malst du mir bis zum nächsten Jahr ein Bild? Nur daheim müsstest du manchmal ein bisschen geduldiger sein, wenn Mama und Papa nicht gleich das tun, was du gern möchtest. Und meinst du, du könntest ein bisschen weniger laut sein, wenn du spielst? Das wäre doch viel gemütlicher, oder?

Ja, und die kleine Anna mit ihren blonden Engelslocken – du könntest glatt bei mir als goldiges Engelchen anfangen. Du bist ein liebes Kind, das zu allen immer nett und lustig ist, das freut mich sehr. Und singen kannst du schön! Von dir wünsche ich mir, dass du beim Haarewaschen nicht so schimpfst! Stell dir vor, ich würde nie meine Haare und meinen Bart waschen – die wären ja total verfilzt!

Also, Mädels, ich muss schon sagen: So liebe, kluge und lustige Mädchen kann man sich doch nur wünschen als Eltern. Bis nächstes Jahr, ihr zwei Lieben!

Euer Nikolaus

Schokoladenbrot

Ergibt 50 – 60 Stück

FÜR DEN TEIG:
200 g weiche Butter
200 g Zucker
5 Eier
200 g Schokolade, gerieben
200 g gemahlene Mandeln
100 g Mehl, gesiebt

FÜR DIE GLASUR:
150 g Zartbitterkuvertüre, klein gehackt

ZUM VERZIEREN:
100 g Mandelblättchen

Für den Teig die Butter, den Zucker und die Eier in eine Schüssel geben und in etwa 5 Minuten schaumig rühren. Die Schokoladenraspel, die Mandeln sowie auch das Mehl unterheben.

Den Backofen auf 170 °C vorheizen. Den Teig auf ein mit Backpapier ausgelegtes Backblech geben und mit einem Teigschaber gleichmäßig verstreichen. Die Teigplatte 15 Minuten backen, aus dem Backofen nehmen und abkühlen lassen.

Für die Glasur die Zartbitterkuvertüre in eine Edelstahlschüssel geben und auf einen Topf mit kochendem Wasser setzen – die Schüssel darf nicht das Wasser berühren. Die Kuvertüre unter Rühren langsam schmelzen.

Die abgekühlte Teigplatte in kleine Quadrate mit einer Kantenlänge von etwa drei Zentimetern schneiden. Jedes Quadrat mit der Kuvertüre überziehen und mit den Mandelblättchen verzieren.

✳ *Sie können das Schokoladenbrot auch im Ganzen mit Schokolade überziehen und es erst dann schneiden.*

Florentiner Schnitten

Ergibt 30 – 40 Stück

FÜR DEN TEIG:
200 g Mehl plus etwas mehr für die Arbeitsfläche, gesiebt
½ TL Backpulver
75 g Zucker
2 EL Vanillezucker
1 Msp. Salz
100 g Butter, gewürfelt

FÜR DEN BELAG:
50 g Butter
100 g Zucker
2 EL Vanillezucker
2 EL Honig
50 ml Schlagsahne
100 g gestiftelte Mandeln
100 g gehobelte Haselnüsse
30 g gehackte Pistazien
50 g kandierte und gemischte Früchte, klein gewürfelt

FÜR DIE GLASUR:
150 g Zartbitterkuvertüre, klein gehackt

Den Backofen auf 180 °C vorheizen. Für den Teig das Mehl, das Backpulver, den Zucker, den Vanillezucker und das Salz in einer Schüssel mischen. Die Butter dazugeben und mit etwa zwei Esslöffeln Wasser zu einem glatten Teig verkneten. Den Teig auf einer leicht bemehlten Arbeitsfläche zu einer fünf Millimeter dicken Teigplatte ausrollen. Vorsichtig auf ein mit Backpapier ausgelegtes Backblech legen und 10 Minuten backen.

In der Zwischenzeit für den Belag die Butter in einem Topf schmelzen, den Zucker, den Vanillezucker und den Honig dazugeben und leicht karamellisieren lassen. Die Schlagsahne dazugießen und so lange rühren, bis sich der Zucker vollständig aufgelöst hat. Die Mandeln, die Haselnüsse und die Pistazien unterrühren.

Die Teigplatte aus dem Backofen nehmen, den Backofen nicht ausschalten. Den Belag auf dem vorgebackenen Teig verteilen und die kandierten Früchte darüberstreuen. Die Florentiner Schnitten bei gleicher Hitze für weitere 10 – 12 Minuten backen. Anschließend aus dem Backofen nehmen, abkühlen lassen und in kleine, gleich große Rechtecke schneiden.

Für die Glasur die Kuvertüre in eine Edelstahlschüssel geben und auf einen Topf mit kochendem Wasser setzen – die Schüssel darf nicht das Wasser berühren. Die Kuvertüre unter Rühren langsam schmelzen. Die Unterseiten der Florentiner Schnitten mithilfe einer Gabel in die geschmolzene Schokolade tauchen und zum Schluss auf einem Kuchengitter trocknen lassen.

Sacherwürfel

Ergibt 40–50 Stück

FÜR DEN TEIG:
150 g Zartbitterkuvertüre, klein gehackt
150 g weiche Butter
50 g Puderzucker, gesiebt
1 TL abgeriebene Schale von 1 unbehandelten Orange
6 Eigelb
100 g Mehl, gesiebt
2 EL Speisestärke, gesiebt
6 Eiweiß
1 Msp. Salz
130 g Zucker

FÜR DIE GLASUR:
100 g Orangenmarmelade
2 cl Orangenlikör
400 g Zartbitterkuvertüre, klein gehackt
200 g dunkle Kuchenglasur, klein gehackt

Für den Teig die Zartbitterkuvertüre in eine Edelstahlschüssel geben und auf einen Topf mit kochendem Wasser setzen – die Schüssel darf nicht das Wasser berühren. Die Kuvertüre unter Rühren langsam schmelzen.

Die Butter mit dem Puderzucker und der Orangenschale in einer Schüssel cremig rühren. Nach und nach die Eigelbe dazugeben und so lange weiterrühren, bis eine schaumige Masse entsteht. Die geschmolzene Kuvertüre, das Mehl und die Speisestärke vorsichtig unter die Masse heben. Den Schokoladenteig beiseitestellen.

Die Eiweiße mit dem Salz in eine Schüssel geben und sehr steif schlagen. Dabei den Zucker nach und nach einrieseln lassen und so lange schlagen, bis die Masse schön glänzend ist und sich kleine Spitzen bilden.

Den Backofen auf 180 °C vorheizen. Den steif geschlagenen Eischnee unter den Schokoladenteig heben und die Masse auf ein mit Backpapier ausgelegtes Backblech verteilen. Den Teig 20 Minuten backen, aus dem Backofen nehmen und abkühlen lassen.

Für die Glasur die Orangenmarmelade in einem kleinen Topf erwärmen und durch ein Sieb streichen. Die Marmelade mit dem Orangenlikör mischen und dünn auf die Teigplatte streichen. Die Teigplatte in gleich große Würfel schneiden und etwas trocknen lassen.

Die Kuvertüre und die Kuchenglasur in eine Edelstahlschüssel geben und auf einen Topf mit kochendem Wasser setzen – die Schüssel darf nicht das Wasser berühren. Die Kuvertüre und die Kuchenglasur unter Rühren langsam schmelzen. Die Sacherwürfel mithilfe zweier Gabeln komplett in die Schokoladenglasur tauchen. Die Sacherwürfel kurz abtropfen lassen, auf ein Kuchengitter setzen, nach Belieben verzieren und trocknen lassen.

Marzipanstangen

Ergibt 30 – 40 Stück

FÜR DEN TEIG:
225 g Mehl plus etwas mehr für die Arbeitsfläche, gesiebt
75 g gemahlene Mandeln
1 Prise Salz
100 g Puderzucker, gesiebt
125 g kalte Butter, gewürfelt
1 Ei
1 Eigelb
1 – 2 EL Milch
1 Eiweiß, verquirlt
250 g Marzipanrohmasse
100 g Puderzucker, gesiebt

ZUM VERZIEREN:
50 g Hagelzucker

Für den Teig das Mehl, die Mandeln, das Salz und den Puderzucker in einer Schüssel mischen. Die Butter auf die Mischung verteilen und alles mit den Händen zu einer krümeligen Masse zerreiben. Das Ei, das Eigelb sowie die Milch dazugeben und alles rasch zu einem Mürbeteig verarbeiten. Den Teig dann zu einer Kugel formen, in Frischhaltefolie wickeln und für 1 – 2 Stunden in den Kühlschrank stellen.

Den Teig aus dem Kühlschrank nehmen und halbieren. Die beiden Hälften auf einer leicht bemehlten Arbeitsfläche zu gleich großen Rechtecken ausrollen. Eine Teigplatte auf ein mit Backpapier belegtes Blech legen und mit dem Eiweiß einstreichen.

Die Marzipanrohmasse mit 75 Gramm Puderzucker verkneten und auf einer mit dem restlichen Puderzucker bestreuten Arbeitsfläche zu einer gleich großen Platte wie die aus dem Mürbeteig ausrollen. Die Marzipanplatte auf eine Mürbeteigplatte setzen und ebenfalls mit Eiweiß bestreichen. Die zweite Teigplatte darauflegen und leicht andrücken. Alles für 30 Minuten kühl stellen.

Den Backofen auf 170 °C vorheizen. Den Teig aus dem Kühlschrank nehmen. Die Oberseite mit dem restlichen Eiweiß bestreichen und mit dem Hagelzucker bestreuen. Mit der Teigrolle ganz leicht darüberrollen, damit der Zucker etwas in den Teig gedrückt wird. Die Teigplatten 20 Minuten backen, aus dem Backofen nehmen und etwas abkühlen lassen. Die Platten in Stangen von etwa 5 Zentimeter Länge schneiden und komplett abkühlen lassen

Honigkuchen

Ergibt etwa 20 Stück

FÜR DEN TEIG:
250 g Butter
500 g Honig
250 g brauner Zucker
650 g Mehl, gesiebt
1 Prise Salz
1 Päckchen Backpulver
250 g gemahlene Mandeln
1 EL Zimt
¼ TL Nelkenpulver
½ TL Piment
150 g Zitronat, klein gehackt
50 g Orangeat, klein gehackt
3 Eier, verquirlt
4 EL Sahne

ZUM VERZIEREN:
150 g blanchierte Mandeln, halbiert
50 g kandierte Kirschen

Für den Teig die Butter mit dem Honig und dem braunen Zucker in einen Topf geben und unter Rühren erwärmen, bis sich der Zucker aufgelöst hat und der Honig sowie die Butter geschmolzen sind. Die Butter-Honig-Masse etwas abkühlen lassen. Das Mehl, das Salz, das Backpulver, die Mandeln sowie die Gewürze in einer Schüssel mischen. Die Eier zusammen mit der Butter-Honig-Masse zu der Mehlmischung geben. Alles zu einem homogenen Teig verkneten, in Frischhaltefolie wickeln und für 1 – 2 Stunden in den Kühlschrank stellen.

Den Backofen auf 180 °C vorheizen. Den Teig aus dem Kühlschrank nehmen und auf ein mit Backpapier ausgelegtes Backblech gleichmäßig mit bemehlten Händen verteilen. Die Teigplatte mit der Sahne einpinseln und mit einem Messer gleichmäßige Quadrate von etwa fünf Zentimeter Kantenlänge markieren. Die Quadrate mit den Mandeln und den kandierten Kirschen verzieren.

Die Teigplatte 40 Minuten backen, bis sie hellbraun ist. Die Honigkuchen aus dem Backofen nehmen, etwas abkühlen lassen und entlang der Markierungen in Quadrate schneiden.

Piment: Piment, auch Nelkenpfeffer genannt, sind die kleinen, getrockneten Beeren des Nelkenpfefferbaums. Gemahlener Piment darf in Honigkuchen und Früchtebroten nicht fehlen.

Aprikosen-Haselnuss-Schnittchen

Ergibt 40 – 50 Stück

FÜR DEN TEIG:
250 g Mehl, gesiebt
¼ TL Salz
100 g Zucker
150 g kalte Butter, gewürfelt
1 Ei
2 – 3 EL Milch
200 g Aprikosenkonfitüre
3 Eiweiß
1 Prise Salz
150 g Zucker
100 g getrocknete Aprikosen, klein gehackt
125 g gemahlene Haselnüsse

FÜR DIE GLASUR:
2 EL Puderzucker
1 TL Wasser

ZUM VERZIEREN:
60 g getrocknete Aprikosen, klein gehackt

Für den Teig das Mehl, das Salz, den Zucker, die Butter, das Ei und die Milch in eine Schüssel geben und alles rasch miteinander zu einem homogenen Teig verkneten. Den fertigen Mürbeteig zu einer Kugel formen, in Frischhaltefolie wickeln und für 1 – 2 Stunden in den kühl stellen.

Den Teig aus dem Kühlschrank nehmen und auf einer leicht bemehlten Arbeitsfläche fünf Millimeter dick ausrollen. Den Teig vorsichtig auf ein mit Backpapier ausgelegtes Backblech legen.

Die Aprikosenkonfitüre in einem kleinen Topf erwärmen, durch ein Sieb streichen und auf der Teigplatte verteilen. Den Teig noch einmal für 30 Minuten kühl stellen.

Den Backofen auf 180 °C vorheizen. Die Eiweiße mit dem Salz in eine Schüssel geben und sehr steif schlagen. Dabei den Zucker nach und nach einrieseln lassen und so lange weiterschlagen, bis die Masse schön glänzend ist und sich kleine Spitzen bilden. Die Aprikosen und die gemahlenen Haselnüsse vorsichtig unter das Eiweiß heben.

Die Mürbeteigplatte aus dem Kühlschrank nehmen und mit der Baisermasse bestreichen. Den Teig 10 Minuten backen, die Temperatur auf 150 °C reduzieren und weitere 10 – 15 Minuten backen. Die Platte etwas auskühlen lassen und in gleichmäßig große Rauten schneiden.

Für die Glasur den Puderzucker und das Wasser zu einer dickflüssigen Masse rühren. Jede Raute mit dem Guss und mit einem Stück Aprikose verzieren, dann in Ruhe trocknen lassen.

GERÜHRT UND GEKNETET:

Von Stollen bis Früchtebrot

Der Stollen meiner Oma war einfach der beste. Obwohl sie dasselbe Rezept wie meine Mutter verwendete, war der Oma-Stollen immer einen Tick feiner. Ein bisschen buttriger, ein bisschen »runder«. Ich habe nie herausgefunden, woran es lag, aber der Geschmack von Omas Stollen liegt mir heute noch auf der Zunge. Vielleicht ist es aber auch einfach der Geschmack von Kindheit und Weihnachten. Meine kleinen Töchter haben Stollen zwar noch nicht für sich entdeckt, aber Früchtebrot und Weihnachtstorte lieben sie.

Quarkstollen

Für 1 Stollenform

FÜR DEN TEIG:
200 g Sultaninen
2 EL Rum
500 g Mehl plus 1 EL für die Sultaninen, gesiebt
1 Päckchen Backpulver
200 g Zucker
abgeriebene Schale von 1 unbehandelten Zitrone
2 Eier
200 g Butter plus etwas mehr für die Stollenform
250 g Quark, abgetropft
150 g blanchierte Mandeln, gehackt
50 g Orangeat, klein gehackt
100 g Zitronat, klein gehackt

ZUM BESTREICHEN:
50 g Butter, zerlassen

ZUM BESTAUBEN:
Puderzucker

Für den Teig die Sultaninen in Rum einlegen und beiseitestellen. Das Mehl zusammen mit dem Backpulver in einer Schüssel mischen. In die Mitte eine Mulde drücken und Zucker, Zitronenschale, Eier, Butter und Quark hineingeben. Alles zu einem festen Teig verkneten.

Den Backofen auf 180 °C vorheizen. Die eingelegten Sultaninen in ein Sieb geben, abtropfen lassen und mit Mehl bestauben. Zusammen mit den gehackten Mandeln, dem Orangeat und dem Zitronat unter den Teig kneten.

Den Stollenteig in eine gebutterte Stollenform geben und auf ein mit Backpapier ausgelegtes Blech stürzen. Den Stollenteig 50 – 60 Minuten backen. Den Quarkstollen aus dem Backofen nehmen sofort mit der zerlassenen Butter bestreichen, mit Puderzucker bestauben und abkühlen lassen.

Mohnstollen

Ergibt 1 Stollen

FÜR DEN TEIG:
40 g Hefe
100 g Zucker
220 ml Milch, lauwarm
500 g Mehl
½ TL Salz
1 Ei
80 g Butter
abgeriebene Schale
von 1 unbehandelten Zitrone

FÜR DIE FÜLLUNG:
250 g Mohn, gemahlen
100 ml Milch
100 g Zucker
20 g Sonnenblumenöl
1 Ei
4–5 Tropfen Bittermandelöl

ZUM BESTREICHEN:
20 g Butter, zerlassen

Die Hefe mit etwas Zucker und einigen Löffeln lauwarmer Milch verrühren und etwa 10 Minuten gehen lassen. Das Mehl, den restlichen Zucker und das Salz in eine Teigschüssel geben. Die Hefe-Milch-Mischung, die restliche Milch, das Ei, die Butter und die Zitronenschale hineinrühren und zu einem glatten Teig verkneten.

Den Hefeteig für 30 Minuten zugedeckt an einem warmen Ort gehen lassen.

Für die Füllung die Milch erwärmen, den Zucker darin auflösen und den Mohn damit übergießen. Die Mohnmasse für 30 Minuten quellen lassen. Danach das Ei, das Öl und das Bittermandelöl unterrühren.

Den Hefeteig auf einem bemehlten Backbrett zu einem Rechteck ausrollen. Die Mohnmasse darauf verstreichen und die Teigplatte aufrollen.

Den Mohnstollen auf ein mit Backpapier ausgelegtes Backblech legen und im vorgeheizten Backofen bei 180 °C 45 Minuten backen. Sofort nach dem Backen mit der zerlassenen Butter bestreichen.

✳ *Mohnstollen ist im Gegensatz zu den anderen Stollen kein Dauergebäck. Man sollte ihn also möglichst frisch verzehren.*

Ministollen

Ergibt 15 – 20 Stück

FÜR DEN TEIG:
1 Würfel frische Hefe
1 EL lauwarme Milch
70 g Zucker
250 g Mehl, gesiebt
125 g Quark
1 Prise Salz
100 g Butter
1 Ei
75 g Rosinen
30 g Orangeat, klein gehackt
50 g Zitronat, klein gehackt

ZUM BESTREICHEN:
50 g Butter, zerlassen

ZUM BESTAUBEN:
50 g Puderzucker

Für den Teig die Hefe mit einem Esslöffel warmer Milch und einem halben Teelöffel Zucker in einer Schüssel glatt rühren. Den Vorteig an einem warmen Ort etwa 15 Minuten gehen lassen. Die restlichen Zutaten in einer Schüssel mischen und mit dem Vorteig zu einem glatten Teig verkneten. Den Hefeteig zugedeckt an einem warmen Ort gehen lassen, bis sich das Volumen des Teigs verdoppelt hat. Den Teig nochmals kneten und halbieren.

Den Backofen auf 180 °C vorheizen. Die Teighälften auf einer leicht bemehlten Arbeitsfläche jeweils zu einem länglichen Rechteck von zehn Zentimeter Breite und zwei Zentimeter Dicke ausrollen. Bei beiden Teigplatten mit der Handkante in die Mitte eine Mulde drücken. Die beiden Längsseiten überlappend zusammenklappen, sodass eine längliche Stollenform entsteht. Mit einem scharfen Messer etwa sechs Zentimeter lange Stücke abschneiden und auf ein mit Backpapier belegtes Blech legen. Die Teigstücke an einem warmen Ort noch einmal 15 Minuten gehen lassen.

Die Ministollen mit der zerlassenen Butter bepinseln und in 20 Minuten goldbraun backen. Die Ministollen aus dem Backofen nehmen, nochmals mit der zerlassenen Butter bestreichen und sofort mit Puderzucker bestauben. Abkühlen lassen.

✴ *So ein Ministollen ist ein wunderbares Mitbringsel und passt sogar in so manchen Adventskalender.*

CHIEF

Stollentorte

Für 1 Springform (28 cm)

FÜR DEN TEIG:
75 g Butter plus etwas mehr für die Springform
5 Eier
125 g Zucker
1 EL Vanillezucker
1 Prise Salz
200 g Mehl plus etwas mehr für die Springform, gesiebt
75 g Speisestärke, gesiebt
2 TL Backpulver
1 Msp. gemahlener Kardamom
1 Msp. Nelkenpulver
1 Msp. Anis
1 Msp. Zimt
50 g Zitronat, klein gehackt
50 g getrocknete Cranberrys, gehackt
50 g blanchierte Mandeln, gehackt
50 g Marzipanrohmasse, gerieben

FÜR DIE CREME:
250 g Quark
250 g Schmand
2 EL Zitronensaft
100 g Zucker

ZUM VERZIEREN:
silberne oder bunte Zuckerperlen

Für den Teig die Butter in einem Topf schmelzen und wieder abkühlen lassen. Die Eier mit dem Zucker, Vanillezucker und dem Salz in einer Schüssel schaumig schlagen, bis die Masse sehr hell und dickflüssig ist. Das Mehl, die Speisestärke und das Backpulver mit den Gewürzen unter die Schaummasse rühren.

Den Backofen auf 175 °C vorheizen. Das Zitronat, die Cranberrys, die Mandeln und das geriebene Marzipan unter den Teig heben und zum Schluss die geschmolzene Butter einrühren. Den Teig in eine gebutterte und leicht bemehlte Springform füllen. Den Teig 30 Minuten backen. Sollte der Teig zu dunkel werden, die Oberseite mit etwas Alufolie abdecken. Den Stollen aus dem Backofen nehmen, abkühlen lassen und aus der Springform lösen.

Für die Creme Quark, Schmand, Zucker und Zitronensaft in einer Schüssel aufschlagen. Den Stollen mit der Creme mithilfe eines Teigschabers bestreichen und in den Kühlschrank stellen. Vor dem Servieren die Stollentorte mit Zuckerperlen verzieren.

Kardamom: Ob gemahlen oder als Kapsel, Kardamom verleiht Lebkuchen, Glühwein und Früchtebroten eine besondere Note.

DER DREIKÖNIGSKUCHEN

Es war zu der Zeit, da sich noch Freunde und Familie um den Dreikönigskuchen versammelten. Um den runden Tisch saß eine vielköpfige Familie in fröhlichster Stimmung. Man lachte, war ausgelassen und wartete auf den Kuchen. Die Kinder trippelten mit den Füßen und steckten die Eltern mit ihrer guten Laune an. Endlich war es so weit. Der Kuchen wurde aufgetragen, die Bohne gefunden. Heller Jubel brach los. Nur der Großvater bewahrte seinen Ernst.
Die Mutter der Kleinen redete den Alten an: »Was ist Euch, Vater? Ihr habt etwas. Eben sah ich auf Euer weißes Haar, und mich durchfuhr ein Schrecken, wie ich ihn bisher nur zweimal in meinem Leben verspürt hatte.« – »Kinder«, entgegnete der Greis, »auch in meiner Kindheit gab es den Dreikönigskuchen, doch ehe man ihn aß, schnitt man ein Stück davon ab, und das jüngste Kind, die Unschuld der Familie, ging vor die Tür und rief: ›Gottes Anteil! Gottes Anteil!‹ Der erste Arme, der vorüberging, nahm das Stück. Denn es gehörte ihm. Und erst, wenn dem Dreikönigskuchen die hohe Ehre widerfahren war, dass ein Armer davon gegessen hatte, erst dann begann auch die Familie, davon zu essen. Und die Fröhlichkeit war groß. Denn Gott hatte seinen Anteil.«

ERNEST HELLO (1828 – 1885)

Dreikönigskuchen

Ergibt 1 großen Kuchen oder 2 kleine

FÜR DEN TEIG:
½ Würfel frische Hefe
70 g Zucker
250 ml lauwarme Milch
50 g Butter
500 g Mehl, gesiebt
1 TL Salz
1 Ei
80 g Rosinen
1 »Königs-Mandel«/weiße Bohne oder 1 Porzellanfigürchen

ZUM BESTREICHEN:
1 Eigelb
1 EL Sahne

Für den Teig die Hefe mit einem Esslöffel warmer Milch und einem halben Teelöffel Zucker in einer Schüssel glatt rühren. Den Vorteig an einem warmen Ort etwa 15 Minuten gehen lassen.

Die restliche Milch noch einmal leicht erwärmen und die Butter darin schmelzen lassen. Das Mehl, das Salz und den restlichen Zucker in einer Schüssel miteinander mischen. In die Mitte eine Mulde drücken und die Milch mit der geschmolzenen Butter, das Ei und den Vorteig dazugeben. Alles zu einem geschmeidigen Teig verkneten. Die Rosinen unterkneten und den Teig zugedeckt an einem warmen Ort 30 Minuten gehen lassen, bis er sich verdoppelt hat.

Den Teig noch einmal kneten und in vier gleich große Teile teilen. Aus einem Viertel eine große Kugel formen und auf ein mit Backpapier ausgelegtes Backblech legen. Die anderen drei Teigteile jeweils halbieren und sechs kleine Kugeln daraus formen. In einer der Kugeln die »Königs-Mandel« verstecken. Die sechs Kugeln um die große Kugel auf dem Backblech platzieren. Damit die Kugeln sich gut verbinden, sollten sie an den Berührungsstellen mit etwas Wasser eingestrichen und ganz leicht angedrückt werden. Den Dreikönigskuchen etwas flach drücken.

Den Backofen auf 200 °C vorheizen. Das Eigelb und die Sahne in einer kleinen Schüssel verquirlen. Den Kuchen damit bestreichen und an einem warmen Ort noch einmal 15 Minuten gehen lassen. Danach den Dreikönigskuchen 40 Minuten backen, aus dem Backofen nehmen und abkühlen lassen.

✳ *Ein schöner alter Brauch zum Ende der Weihnachtszeit: Wer im Dreikönigskuchen die Mandel oder die Figur findet, wird zum »König für einen Tag« gekrönt. In Frankreich kennt ihn jedes Kind, bei uns ist der Brauch leider in Vergessenheit geraten.*

Panettone

Für 1 Panettoneform

FÜR DEN TEIG:
1 Würfel frische Hefe
125 ml lauwarme Milch
125 g Zucker
500 g Mehl, gesiebt
1 EL Vanillezucker
1 Prise Salz
abgeriebene Schale von 1 unbehandelten Zitrone
125 g weiche Butter plus etwas mehr für die Pannettoneform
4 Eigelb
50 g Zitronat, klein gehackt
50 g Orangeat, klein gehackt
50 g blanchierte Mandeln, gehackt
150 g Sultaninen

ZUM BESTREICHEN:
100 g Butter, zerlassen

Für den Teig die Hefe mit einem Esslöffel lauwarmer Milch und einem halben Teelöffel Zucker in einer Schüssel glatt rühren. Den Vorteig an einem warmen Ort etwa 15 Minuten gehen lassen. Den restlichen Zucker, das Mehl, den Vanillezucker, das Salz und die Zitronenschale in einer Schüssel mischen.

Den Vorteig, die Butter, die restliche Milch und die Eigelbe unterrühren und alles zu einem glatten Teig verkneten. Zitronat, Orangeat, Mandeln und Sultaninen in den Teig einarbeiten. Den Hefeteig zugedeckt an einem warmen Ort gehen lassen, bis sich sein Volumen verdoppelt hat.

Den Teig wieder kneten, ihn in eine gebutterte Panettoneform geben und warm nochmals 15 Minuten gehen lassen.

Den Backofen auf 180 °C vorheizen. Die Oberfläche des Panettones mit der zerlassenen Butter bestreichen. Mit einem Messer ein Kreuz einritzen und den Panettone 90 Minuten backen. Nach der Hälfte der Backzeit die restliche zerlassene Butter darauf verstreichen. Nach der Backzeit aus dem Backofen nehmen und abkühlen lassen.

✳ *Wer keine Panettoneform hat, muss sich nicht zwangsläufig eine kaufen. Ein etwas höherer Kochtopf mit einem Durchmesser von 16 – 18 Zentimetern tut es auch.*

Früchtebrot im Brotteigmantel

Ergibt 2 Früchtebrote

FÜR DIE FÜLLUNG:
250 g getrocknete, entsteinte Pflaumen
250 g getrocknete Apfelringe
250 g getrocknete Feigen
125 g getrocknete Aprikosen
250 g Rosinen
250 g blanchierte Mandeln
¼ TL Nelkenpulver
1 TL Zimt
150 g Zucker

FÜR DEN SAUERTEIG:
500 g Vollkornmehl (Dinkel oder Weizen)
1 TL Salz
1 Beutel Trockenbackhefe
1 Beutel Sauerteig-Extrakt (aus dem Reformhaus)

FÜR DEN BROTTEIG:
250 g Mehl (Type 605)
½ Würfel frische Hefe
1 TL Zucker
½ TL Salz
150 ml warmes Wasser
etwas Mehl für die Arbeitsfläche

ZUM BESTREICHEN:
3 EL Zucker
50 ml Wasser

Für die Füllung die Früchte in einem Liter lauwarmem Wasser 2 Stunden einweichen. Die Früchte abgießen, dabei vierhundert Milliliter vom Einweichwasser auffangen.

Für den Sauerteig die Zutaten mischen. Das Einweichwasser in einem Topf leicht erwärmen und zu dem Sauerteigansatz geben. Den Teig gut kneten und zugedeckt an einem warmen Ort etwa 30 Minuten gehen lassen.

Für den Brotteig das Mehl in eine Schüssel geben und in die Mitte eine Mulde drücken. In diese die Hefe zerbröseln, den Zucker darüberstreuen und mit etwas warmem Wasser zu einer zähflüssigen Masse verrühren. Die Hefe leicht mit Mehl bestauben und an einem warmen Ort zugedeckt etwa 10 Minuten gehen lassen. Das Salz und das restliche Wasser hinzufügen und zu einem geschmeidigen Teig verkneten. Den Teig zugedeckt an einem warmen Ort etwa 30 Minuten gehen lassen.

Die eingeweichten Früchte mit den Rosinen, den Mandeln, den Gewürzen und dem Zucker mischen. Den Sauerteig halbieren und jeweils mit der Hälfte der Früchtemischung verkneten, zwei Früchtebrote daraus formen und an einem warmen Ort 30 Minuten gehen lassen.

Den Backofen auf 170 °C vorheizen. Den Brotteig halbieren. Den Teig auf einer leicht bemehlten Arbeitsfläche dünn ausrollen und je eines der Früchtebrote darauflegen und mit dem Brotteig umhüllen. Beide Brote auf ein Backblech mit Backpapier legen und mit einer Gabel einige Löcher einstechen. Die Brote 90 Minuten backen.

Zum Bestreichen den Zucker und das Wasser glatt rühren. 15 Minuten vor Ende der Backzeit die Früchtebrote mit dem Zuckerwasser bepinseln. Aus dem Backofen nehmen und abkühlen lassen.

Apfelbrot

Für eine Kastenform

FÜR DEN TEIG:
500 g Apfel, geschält und klein gehobelt
125 g Zucker
½ TL Zimt
¼ TL Nelkenpulver
1 Prise gemahlener Koriander
1 EL ungesüßtes Kakaopulver, gesiebt
3 EL Rum
50 g Dörrobst
75 g Rosinen
50 g blanchierte Mandeln
50 g Haselnüsse
250 g Mehl, gesiebt
½ Päckchen Backpulver
etwas weiche Butter für die Kastenform

FÜR DEN GUSS:
1 EL Puderzucker
1 – 2 Spritzer Zitrone

ZUM VERZIEREN:
10 blanchierte Mandeln, halbiert
1 kandierte Orangenscheibe

Für den Teig die Äpfel mit dem Zucker, den Gewürzen und dem Rum in einer Schüssel mischen. Das Dörrobst, die Rosinen, die Mandeln und die Haselnüsse unterheben und die Apfelmischung über Nacht stehen lassen.

Am nächsten Tag den Backofen auf 200 °C vorheizen. Die Apfelmischung noch einmal gut durchrühren, das Mehl und das Backpulver dazugeben und unterheben. Den Teig in eine gebutterte Kastenform geben, im Backofen 1 Stunde backen, herausnehmen und abkühlen lassen.

Für den Guss alle Zutaten zu einer dickflüssigen Masse rühren. Das ausgekühlte Apfelbrot aus der Kastenform nehmen und mithilfe des Zuckergusses die Mandeln und die kandierten Früchte darauf anbringen.

Koriander: Die Koriandersamen werden gemahlen in Lebkuchen, Honigkuchen, Gewürzschnitten und Früchtebroten verwendet. Im Ganzen können Koriandersamen auch im Glühwein ihr Aroma verbreiten.

Englischer Kuchen mit kandierten Früchten

Für 1 Gugelhupfform
oder 1 Kastenform

FÜR DEN TEIG:
250 g Korinthen
50 g Zitronat, klein gehackt
50 g Orangeat, klein gehackt
50 g kandierte Kirschen, fein gewürfelt
5 EL Rum
300 g weiche Butter plus etwas mehr für die Kuchenform
300 g Zucker
1 Prise Salz
6 Eier
300 g Mehl plus etwas mehr für die Früchtemischung, gesiebt
abgeriebene Schale von 1 unbehandelten Zitrone

ZUM BESTAUBEN:
Puderzucker

Für den Teig die Korinthen, das Zitronat, das Orangeat, die Kirschen und den Rum in einer Schüssel mischen und 2 Stunden ziehen lassen.

Die Butter mit dem Zucker und dem Salz in einer Schüssel cremig rühren. Nach und nach die Eier dazugeben und so lange weiterrühren, bis eine geschmeidige und schaumige Masse entsteht. Das Mehl und die Zitronenschale zu der Schaummasse geben und vorsichtig unterheben.

Den Backofen auf 175 °C vorheizen.

Die Früchtemischung mit etwa Mehl bestauben und ebenfalls unter den Teig heben. Den Teig in eine gebutterte Kuchenform füllen und 90 Minuten backen. Den Kuchen aus dem Backofen nehmen, abkühlen lassen und mit Puderzucker bestauben.

Weihnachtsstrudel

Ergibt 2 Strudel

FÜR DEN STRUDELTEIG:
250 g Mehl plus etwas mehr für die Arbeitsfläche und das Geschirrtuch, gesiebt
20 g Butter, zerlassen
1 Ei,
1 Prise Salz,
125 ml Wasser

FÜR DIE FÜLLUNG:
100 g Butter
200 g Lebkuchen (ohne Schokolade), zerbröselt
2 EL Zucker
100 g getrocknete Aprikosen, geviertelt
100 g getrocknete Zwetschgen, geviertelt
100 g getrocknete Birnen, geviertelt
50 g Walnüsse, gehackt
50 g blanchierte Mandeln, gehackt
750 g Äpfel, geschält, vom Kerngehäuse befreit und in Scheiben geschnitten
100 g Rosinen, eingelegt in 2 EL Rum
abgeriebene Schale und den Saft von 1 unbehandelten Zitrone
1 Vanilleschote, das Mark herausgekratzt
1 TL Zimt
1 Msp. Nelkenpulver
1 Msp. Piment
1 Msp. geriebene Muskatnuss

ZUM BESTREICHEN:
100 g Butter, zerlassen

Für den Teig das Mehl mit der zerlassenen Butter, dem Ei und dem Salz in einer Schüssel verkneten. So viel Wasser dazugeben und so lange kneten, bis ein glatter und elastischer Teig entsteht. Den Teig zu einer Kugel formen, in Frischhaltefolie wickeln und für 30 Minuten ruhen lassen.

Für die Füllung die Butter in einer Pfanne zerlassen. Die Lebkuchenbrösel und den Zucker zu der Butter geben und leicht anrösten. Beiseitestellen und abkühlen lassen.

Die getrockneten Früchte in einer Schüssel mit den Walnüssen, den Mandeln, den Apfelscheiben und den Rumrosinen mischen. Die Zitronenschale, den Zitronensaft, das Vanillemark und die Gewürze zu der Apfel-Früchte-Masse geben und alles gut verrühren.

Den Strudelteig halbieren und auf einer leicht bemehlten Arbeitsfläche sehr dünn ausrollen. Auf ein bemehltes Geschirrtuch legen und über die Handrücken noch etwas ziehen. Der Strudelteig sollte so dünn sein, dass man durch ihn hindurchschauen kann.

Den Backofen auf 175 °C vorheizen. Die Hälfte der Lebkuchenbrösel auf dem Strudelteig verteilen. Dabei einen Rand von etwa fünf Zentimetern frei lassen. Die Hälfte der Apfel-Früchte-Masse auf den Bröseln verteilen, dabei das obere Teigdrittel frei lassen. Die Teigränder mit der zerlassenen Butter bestreichen und den Rand einschlagen. Den Strudel mithilfe des Geschirrtuches aufrollen und vorsichtig auf ein mit Backpapier ausgelegtes Backblech legen. Vor dem Backen noch einmal mit zerlassener Butter bestreichen. Mit dem zweiten Strudel genauso verfahren.

Die Strudel jeweils 45 Minuten backen, bis sie goldbraun sind. Aus dem Backofen nehmen und abkühlen lassen.

✶ *Statt der Lebkuchenbrösel kann man auch Spekulatius zerbröseln und für die Füllung verwenden.*

Weihnachtstorte

Für 1 Springform (28 cm)

FÜR DEN TEIG:

250 g weiche Butter plus etwas mehr für die Springform
250 g Zucker
1 Vanilleschote, das Mark herausgekratzt
5 Tropfen Bittermandelöl
3 EL Rum
3 EL Sahne
5 Eier
125 g Mehl, gesiebt
125 g Speisestärke, gesiebt

ZUM VERZIEREN:

100 g Johannisbeergelee
200 g Marzipanrohmasse
100 g Puderzucker, gesiebt
150 g Kuvertüre, klein gehackt

Für den Teig die Butter mit dem Zucker in einer Schüssel cremig rühren. Das Vanillemark, das Bittermandelöl, den Rum und die Sahne unterrühren. Nach und nach die Eier dazugeben und so lange weiterrühren, bis eine geschmeidige und schaumige Masse entsteht. Abschließend das Mehl und die Speisestärke zu der Schaummasse geben und vorsichtig unterheben.

Die Grillfunktion des Backofens einschalten. Eine Springform mit Backpapier auslegen und noch den Rand mit Butter einstreichen. Drei Esslöffel Teig in der Springform verstreichen und unter dem Grill des Backofens goldgelb backen. Über die gebackene Teigplatte wieder drei Esslöffel Teig streichen und weiterbacken. So weiter verfahren, bis der Teig aufgebraucht ist.

Die Torte in der Form abkühlen lassen und dann herausnehmen. Das Johannisbeergelee in einem kleinen Topf erwärmen und die ganze Schichttorte damit einstreichen. Die Marzipanrohmasse mit dem Puderzucker verkneten und auf der Arbeitsfläche etwas größer als die Weihnachtstorte ausrollen.

Die Kuvertüre in eine Edelstahlschüssel geben und auf einen Topf mit kochendem Wasser setzen – die Schüssel darf nicht das Wasser berühren. Die Kuvertüre unter Rühren langsam schmelzen. Die Torte damit überziehen.

Aus den Marzipanresten Sternchen ausstechen und damit die Weihnachtstorte verzieren. Alternativ mit Zuckerdrageeherzen belegen.

Glühwein-Schokoladen-Kuchen

Für 1 Springform (28 cm) oder 2 Herzformen

FÜR DEN TEIG:
250 g weiche Butter plus etwas mehr für die Herzform
250 g Zucker
1 Prise Salz
2 TL Zimt
1 Vanilleschote, das Mark herausgekratzt
6 Eigelb
6 Eiweiß
400 g Mehl plus etwas mehr für die Springform, gesiebt
4 EL ungesüßtes Kakaopulver, gesiebt
1 Päckchen Backpulver
200 ml kalter Glühwein
150 g Zartbitterschokolade, gerieben

FÜR DIE FÜLLUNG:
50 g Johannisbeergelee

ZUM VERZIEREN:
150 g Schokolade
200 ml Sahne
50 g Schokoladenraspel
Zuckerperlen

Für den Teig die Butter mit dem Zucker, dem Salz und dem Zimt in einer Schüssel cremig rühren. Das Vanillemark unterrühren. Nach und nach die Eigelbe dazugeben und so lange weiterrühren, bis eine geschmeidige und schaumige Masse entsteht. Das Mehl, das Kakaopulver und das Backpulver in einer Schüssel mischen. Die Mehlmischung beiseitestellen. Die Eiweiße in eine Schüssel geben und zu sehr steifem Schnee schlagen, bis die Masse glänzt und sich feine Spitzen nach oben ziehen.

Den Backofen auf 180 °C vorheizen. Die Mehlmischung im Wechsel mit dem Glühwein portionsweise mit einem Schneebesen zügig unter den Teig rühren. Etwa ein Drittel des Eischnees unter den Rührteig heben. Den übrigen Eischnee löffelweise mit der Schokolade unterheben.

Den Teig in die gebutterte und leicht bemehlte Kuchenform füllen, glatt streichen 50 – 60 Minuten backen. Anschließend die Stäbchenprobe durchführen, dass heißt mit einem dünnen Holzstäbchen in die dickste Stelle des Teiges stechen. Bleibt kein Teig an dem Stäbchen kleben, ist der Kuchen fertig. Den Glühweinkuchen aus dem Backofen nehmen und in der Form abkühlen lassen. Aus der Form lösen und vorsichtig waagerecht halbieren.

Für die Füllung das Johannisbeergelee in einem kleinen Topf erwärmen und in den Kuchen streichen. Beide Kuchenteile zusammensetzen und den Kuchen über Nacht durchziehen lassen. Die Sahne in einem kleinen Topf erwärmen. Die Schokolade darin schmelzen und kurz aufkochen lassen. Die Schokoladensahne abkühlen lassen und bis zum nächsten Tag kalt stellen.

Die eiskalte Schokoladensahne cremig schlagen und auf dem durchgezogenen Glühweinkuchen verstreichen. Mit Schokoladenraspeln und Zuckerperlen verzieren.

WENN'S DRAUSSEN STÜRMT UND SCHNEIT:

Von Punschgelee bis Zimtwaffeln

Wenn die Tage kürzer werden, die Luft klirrend kalt ist, der Schnee in dicken Flocken fällt und der Wintersturm heranzieht, dann sitzt auch meine quirlige Familie am liebsten gemütlich im Haus. Bei Früchtepunsch und Waffeln basteln sich Strohsterne wie von selbst. Meine beiden Töchter bauen auch gern Lebkuchenhäuser oder kochen Weihnachtsmarmelade ein. Für die »Großen« gibt es einen feinen Adventslikör. Alles noch hübsch verpacken, und schon sind wunderschöne Mitbringsel zum Adventsnachmittag fertig. Übrigens sollten Sie immer mehrere Lebkuchenhäuser bauen. Dann gibt es keine Tränen, wenn eines davon verschenkt werden soll …

Glühweingelee

Ergibt 5–6 kleine Gläser
600 ml Rotwein
300 ml Orangensaft
1 Zimtstange
5 Gewürznelken
1 Sternanis
500 g Gelierzucker (2:1)

Den Rotwein mit dem Orangensaft in einem Topf mischen und erhitzen. Die Gewürze dazugeben und bei geschlossenem Deckel etwa 15 Minuten bei schwacher Hitze ziehen lassen. Die Flüssigkeit darf nicht kochen. Danach den Sud durch ein feines Sieb abseihen.

Den Sud mit dem Gelierzucker in einem Topf verrühren, zum Kochen bringen und 3 Minuten sprudelnd kochen lassen. Das Gelee sofort heiß in saubere Gläser füllen, gut verschließen und die Gläser 5 Minuten auf den Deckel stellen. Die Gläser wieder umdrehen und abkühlen lassen

Punschgelee

Ergibt 5–6 kleine Gläser
500 ml Apfelsaft
400 ml Orangensaft
1 Zimtstange
2 Sternanis und 1 pro Glas
5 Nelken
1 Stück Ingwer, ca. 2 cm
1–2 EL Früchtetee
1 EL Vanillezucker
abgeriebene Schale von 1 unbehandelten Zitrone
500 g Gelierzucker (2:1)
Zesten von 1 unbehandelten Orange

Den Apfel- und Orangensaft in einem Topf mischen und erhitzen. Die Gewürze dazugeben und bei geschlossenem Deckel etwa 15 Minuten bei schwacher Hitze ziehen lassen. Die Flüssigkeit darf nicht kochen. Danach den Sud durch ein feines Sieb abseihen.

Den Saft mit dem Gelierzucker und den Orangenzesten in einem Topf verrühren, zum Kochen bringen und 3 Minuten sprudelnd kochen lassen. Die Saftmischung sofort heiß in saubere Gläser abfüllen. In jedes Glas einen Sternanis geben, die Gläser gut verschließen und für etwa 5 Minuten auf den Deckel stellen. Die Gläser wieder umdrehen und abkühlen lassen.

✶ *Das Punschgelee ist ein wunderbares Mitbringsel in der Weihnachtszeit. Im schönen Einweckglas sieht es sehr dekorativ aus und schmeckt dazu ganz wunderbar-winterlich.*

PUNSCHGEL
PUNSCHGEL

Zimtwaffeln

Ergibt etwa 20 Waffeln

FÜR DEN TEIG:
200 g weiche Butter plus etwas mehr für das Waffeleisen
150 g Zucker
1 EL Vanillezucker
1 Prise Salz
4 Eier
350 g Mehl, gesiebt
1 Päckchen Vanillepudding
2 TL Backpulver
2 TL Zimt
125 ml Milch
2 Äpfel, geschält, vom Kerngehäuse befreit und fein geraspelt

ZUM BESTAUBEN:
Puderzucker

Für den Teig die Butter mit dem Zucker und dem Salz in einer Schüssel geschmeidig rühren. Nach und nach die Eier dazugeben und weiterrühren, bis die Masse gut schaumig ist. Das Mehl, das Puddingpulver und das Backpulver mit dem Zimt unter den Teig rühren. Danach die Milch langsam einfließen lassen. Zuletzt die geraspelten Äpfel vorsichtig unter den Teig heben.

Das Waffeleisen aufheizen und mit etwas Butter oder Öl einfetten. Den Teig mit einer Kelle portionsweise in das Waffeleisen füllen und ausbacken. Die Waffeln aus dem Waffeleisen nehmen und noch warm mit etwas Puderzucker bestauben.

✳ *Mit ein bisschen Sahne und Apfelmus sind diese Zimtwaffeln genau das Richtige für einen Adventssonntag.*

Schokoladen-Nugat-Muffins

Ergibt 24 kleine Muffins

FÜR DEN TEIG:
300 g Nuss-Nugat-Creme
60 g Mehl, gesiebt
2 Eier
2 EL ungesüßtes Kakaopulver, gesiebt
1 EL Zimt
50 g gehackte Haselnüsse

ZUM VERZIEREN:
goldene Liebesperlen

Den Backofen auf 180 °C vorheizen. Für den Teig die Nuss-Nugat-Creme in eine Schüssel geben und mit dem Mehl, den Eiern, dem Kakaopulver und dem Zimt verrühren. Die Haselnüsse unter den Schokoladenteig heben und auf mit Papierförmchen ausgelegte Muffinförmchen verteilen. Die Muffins mit den goldenen Liebesperlen verzieren. Die Muffins 10–12 Minuten backen, aus dem Backofen nehmen und abkühlen lassen.

✳ *Diese Muffins zergehen auf der Zunge. Und dazu gibt es selbst gemachten Früchtepunsch!*

Orangen-Zimt-Muffins

Ergibt 12 Muffins

FÜR DEN TEIG:
300 g Nuss-Nugat-Creme
60 g Mehl, gesiebt
2 Eier
2 EL ungesüßtes Kakaopulver, gesiebt
1 EL Zimt
50 g gehackte Haselnüsse
100 g Orangenmarmelade

Den Backofen auf 180 °C vorheizen. Für den Teig die Nuss-Nugat-Creme in eine Schüssel geben und mit dem Mehl, den Eiern, dem Kakaopulver und dem Zimt verrühren. Die Haselnüsse unter den Schokoladenteig heben und auf mit Papierförmchen ausgelegte Muffinförmchen verteilen, auf jeden Muffin etwas Orangenmarmelade geben und 25–30 Minuten backen.

Kakao: Kakao gibt vielen Plätzchen einen feinherben Schokoladengeschmack. Zum Backen verwenden Sie eine schwach entölte und zuckerfreie Sorte. Den Kakao sollte man stets gesiebt zum Teig geben, damit es keine Klümpchen gibt.

Weihnachtskonfitüre

Ergibt 8 kleine Gläser
1 kg tiefgekühlte Zwetschgen
100 g Zucker
1 TL Zimt
½ TL Nelkenpulver
1 Msp. Piment
200 g Zartbitterschokolade, in Stücke gebrochen
500 g Gelierzucker (2:1)

Die Zwetschgen in einer Schüssel mit dem Zucker mischen und einige Stunden, am besten über Nacht, ziehen lassen.

Die Zwetschgen mit der gebildeten Flüssigkeit zum Kochen bringen und 1 Stunde leise köcheln lassen. Dabei öfter umrühren, da die Zwetschgen leicht anbrennen.

Die Schokolade unter die Zwetschgenmasse rühren. Die Gewürze und den Gelierzucker dazugeben, zum Kochen bringen und alles 3 Minuten sprudelnd kochen lassen. Die Weihnachtskonfitüre sofort heiß in saubere Gläser abfüllen. Die Gläser gut verschließen und für etwa 5 Minuten auf den Deckel stellen. Danach die Gläser wieder umdrehen und abkühlen lassen.

Kirschkonfitüre mit Amaretto

Ergibt 8 kleine Gläser
1 kg tiefgekühlte Kirschen, entsteint
80 ml Amaretto
500 g Gelierzucker (2:1)

Die Kirschen in einem Topf mit dem Gelierzucker mischen. Kurz erhitzen, vom Herd nehmen und 1 – 2 Stunden Saft ziehen lassen.

Die Kirschen mit der gebildeten Flüssigkeit in dem Topf zum Kochen bringen und 3 Minuten sprudelnd kochen lassen. Die Konfitüre vom Herd nehmen, den Amaretto unterrühren und sofort heiß in saubere Gläser abfüllen. Die Gläser gut verschließen und für 5 Minuten auf den Deckel stellen. Danach die Gläser wieder umdrehen und abkühlen lassen.

Weihnachts
marmelade

Martinsgänse

Ergibt etwa 10 Stück

FÜR DEN TEIG:
150 g Quark
100 ml Öl
1 Ei
75 g Zucker
1 Prise Salz
1 EL fein abgeriebene Schale von 1 unbehandelten Zitrone
300 g Mehl plus etwas mehr für die Arbeitsfläche, gesiebt
½ Päckchen Backpulver

ZUM VERZIEREN:
50 g Sultaninen

FÜR DIE GLASUR:
Saft von ½ Zitrone
4 – 5 EL Puderzucker, gesiebt

Für den Teig den Quark in ein sauberes Tuch geben, oben zusammenbinden und aus dem Quark vorsichtig die Flüssigkeit herausdrücken. Den Quark mit dem Öl, dem Ei und dem Zucker in einer Schüssel verrühren. Eine Prise Salz und die abgeriebene Zitronenschale dazugeben und unterheben. Das Mehl mit dem Backpulver in einer Schüssel mischen und unter die Quarkmasse heben. Alles rasch zu einem glatten Teig verkneten.

Den Backofen auf 180 °C vorheizen. Den Quark-Öl-Teig auf einer leicht bemehlten Arbeitsfläche ausrollen. Aus dem Teig mit einer Form Martinsgänse stechen und vorsichtig auf ein mit Backpapier ausgelegtes Backblech legen. Eine Sultanine als Auge in den Teig drücken und die Gänse 15 Minuten backen, bis sie goldbraun sind. Die Martinsgänse aus dem Backofen nehmen und abkühlen lassen.

Für die Glasur den Puderzucker mit dem Zitronensaft zu einer dickflüssigen Masse rühren. Mit der Zuckerglasur die abgekühlten Martinsgänse einpinseln.

✳ *Traditionell werden diese Martinsgänse meist im Rahmen eines Laternenumzugs am 11. November verspeist. Falls Sie kein »Gansförmchen« zum Ausstechen haben, können Sie sich auch eine Schablone aus Papier anfertigen. Frisch schmecken diese Martinsgänse übrigens am besten.*

Chocolat
POULAIN

Adventslikör

Ergibt etwa 750 Milliliter
400 ml Schlagsahne
1 EL Zimt
½ TL Nelkenpulver
1 Msp. gemahlener Kardamom
1 Msp. Piment
1 Msp. gemahlener Koriander
1 Msp. gemahlener Ingwer
150 g Zartbitterschokolade, in Stücke gebrochen
300 ml Wodka

Die Schlagsahne in einen Topf geben und kurz aufkochen lassen. Die Gewürze und die Schokolade dazugeben, vom Herd nehmen und so lange verrühren, bis die Schokolade geschmolzen ist. Die Sahne-Schokoladen-Mischung abkühlen lassen und anschließend mit dem Wodka vermischen.

Den Adventslikör einen Tag durchziehen lassen und kühl, aber nicht im Kühlschrank, aufbewahren.

Genießen Sie den Adventslikör zu Eis, Waffeln, Stollen oder Plätzchen. Er ist wunderbar cremig und schmeckt sensationell.

Schneebällchen

Ergibt 20–30 Stück

FÜR DEN TEIG:
6 Eier
6 EL heißes Wasser
120 g Zucker
1 EL Vanillezucker
180 g Mehl

125 ml Amaretto
200 ml Schlagsahne
250 g Quark
200 g Schmand
50 g Zucker
100 g Kokosflocken

Die Eier mit dem Handrührgerät oder in einer Küchenmaschine schaumig rühren, das heiße Wasser Löffel für Löffel einfließen lassen. Nach und nach den Zucker einrieseln lassen. So lange weiterschlagen, bis die Masse sehr hell und dickflüssig geworden ist.

In der Zwischenzeit eine Springform mit Butter einfetten und mit Paniermehl ausstreuen. Das Mehl sieben und unter die Schaummasse heben. Den Teig in die Springform gießen und den Biskuit im vorgeheizten Backofen bei 180 °C 45 Minuten backen.

Den Kuchen zerbröseln und mit Amaretto tränken. Die Sahne steif schlagen. Quark und Schmand verrühren, den Zucker unterrühren und die steif geschlagene Sahne unterheben. Die Biskuitbrösel und die Creme verrühren. Mit den Händen kleine Kugeln aus der Masse formen. Die Kugeln in den Kokosflocken wälzen, abschließend die Schneebällchen für 2–3 Stunden kalt stellen.

✳ *Für eine alkoholfreie Variante einfach Früchte (z.B. Mandarinen oder Orangen) unter die Teigbrösel mischen.*

Nikolausstiefel

Ergibt etwa 10 Stück

FÜR DEN TEIG:
1 Würfel frische Hefe
200 ml lauwarme Milch
100 g Zucker
500 g Mehl plus etwas mehr für die Arbeitsfläche, gesiebt
40 g Butter
2 Eier
½ TL Salz

FÜR DIE GLASUR:
100 g Puderzucker
2 – 3 EL Zitronensaft

Für den Teig die Hefe mit einem Esslöffel warmer Milch und einem halben Teelöffel Zucker in einer Tasse glatt rühren. Das Mehl in eine Schüssel geben und in die Mitte eine Mulde drücken. In diese das Hefe-Milch-Zucker-Gemisch gießen, mit etwas Mehl bestauben und etwa 15 Minuten an einem warmen Ort gehen lassen.

Die restliche Milch, die Butter, die Eier und das Salz zu dem Teig geben und alles miteinander kräftig verkneten. Den Hefeteig an einem warmen Ort nochmals 30 Minuten gehen lassen, bis sich sein Volumen verdoppelt hat.

Den Backofen auf 200 °C vorheizen. Den Teig noch einmal leicht kneten und auf einer leicht bemehlten Arbeitsfläche einen Zentimeter dick ausrollen. Aus dem Teig mit einer Stiefelform Nikolausstiefel ausstechen und vorsichtig auf ein mit Backpapier ausgelegtes Backblech legen. Die Stiefel 15 Minuten backen, bis sie goldbraun sind. Aus dem Backofen nehmen und abkühlen lassen.

Für die Glasur den Puderzucker und den Zitronensaft zu einer dickflüssigen Masse rühren. Die Zuckerglasur in einen kleinen Gefrierbeutel füllen und eine winzige Ecke davon abschneiden. Mit dem Guss die Konturen des Stiefels umranden.

Mittlerweile gibt es Ausstechformen jeglicher Art. Nicht nur Stiefel, sondern auch ganze Nikolausformen werden angeboten. Haben Sie keine zur Verfügung, können Sie auch eine Schablone aus einem Stück festen Papier oder Karton schneiden. Die Umrisse können Sie dann einfach mit einem Teigrädchen ausradeln.

Plätzchen am Stiel

Ergibt 40 – 50 Stück

FÜR DEN TEIG:
125 g weiche Butter plus etwas mehr für die Kastenform
2 Eier
75 g Zucker
1 EL Vanillezucker
50 ml Milch
250 g Mehl plus etwas mehr für die Kastenform, gesiebt
½ Päckchen Backpulver
40 – 50 Lollipop-Sticks

FÜR DIE CREME:
100 g weiche Butter
200 g Puderzucker, gesiebt
2 EL ungesüßtes Kakaopulver, gesiebt
1 TL Zimt

FÜR DIE GLASUR:
200 g Kuchenglasur, klein gehackt

ZUM VERZIEREN:
100 g Liebesperlen
oder
100 g blanchierte Mandeln, gehackt
100 g Krokant

Den Backofen auf 180 °C vorheizen. Für den Teig die Butter mit den Eiern und dem Zucker in einer Schüssel schaumig rühren. Die Milch dazugeben und mit dem Mehl und dem Backpulver gut verrühren. Den Teig in eine gebutterte und gemehlte Kastenform geben, glatt streichen und 25 Minuten backen. Anschließend die Stäbchenprobe durchführen, dass heißt mit einem dünnen Holzstäbchen in die dickste Stelle des Teiges stechen. Bleibt kein Teig an dem Stäbchen kleben, ist der Kuchen fertig. Den Kuchen aus dem Backofen nehmen und abkühlen lassen.

Die Butter mit dem Puderzucker in einer Schüssel schaumig rühren. Das Kakaopulver und den Zimt dazugeben und unterrühren. Den abgekühlten Kuchen in einer anderen Schüssel fein zerbröseln und mit der Buttercreme vermengen. Daraus mit der Hand kleine Kugeln formen. Die Kugeln für mindestens 30 Minuten kalt stellen.

Für die Glasur die Kuchenglasur in eine Edelstahlschüssel geben und auf einen Topf mit kochendem Wasser setzen – die Schüssel darf nicht das Wasser berühren. Die Glasur unter Rühren langsam schmelzen.

Die Kugeln aus dem Kühlschrank nehmen. Die Lollipop-Sticks etwa zwei Zentimeter in die geschmolzene Schokolade tauchen, dann in die Teigkugeln drücken. Die Lollipops für 30 Minuten kühl stellen. Dann die Kugeln in die Glasur tauchen, abtropfen lassen und mit Liebesperlen, gehackten Mandeln oder Krokant verzieren. Die fertigen Lollipops zum Trocknen in einen Styroporblock stecken

✶ *Als »Cake Pops« sind diese süßen Lollipops in den USA berühmt geworden. Je nach Geschmack können Sie den Teig auch mit Schokolade oder Orangenschale verfeinern. Und auch bei der Creme können Sie Ihrer Fantasie freien Lauf lassen. »Plätzchen am Stiel« wurden die Lollipops übrigens von meinen Töchtern getauft.*

WENN'S SCHNEIT, WENN'S SCHNEIT

Wenn's schneit, wenn's schneit,
ist Weihnacht nicht mehr weit.
Dann geht der alte Nikolaus
Mit seinem Sack von Haus zu Haus.

Wenn's schneit, wenn's schneit,
ist Weihnacht nicht mehr weit.
Dann kann man durch die Straßen gehn
und all die schönen Sachen sehn.

Wenn's schneit, wenn's schneit,
ist Weihnacht nicht mehr weit.
Dann riecht es, ach, so wundersam,
nach Äpfeln und nach Marzipan.

ÜBERLIEFERTER KINDERVERS

Eiskonfekt

Ergibt 30 – 40 Stück

ZUTATEN:

250 g Kokosfett
500 g Puderzucker, gesiebt
125 g ungesüßtes Kakaopulver, gesiebt
2 EL Vanillezucker

Das Kokosfett in einem Topf zerlaufen lassen. Den Puderzucker, das Kakaopulver und den Vanillezucker mit einem Schneebesen unterrühren. Die Masse noch heiß in kalt ausgespülte Konfektförmchen füllen (Silikonförmchen eignen sich dabei am besten) und abkühlen lassen. Danach in das Gefrierfach stellen und erstarren lassen.

Das gefrorene Eiskonfekt aus dem Gefrierfach nehmen und 15 – 20 Minuten stehen lassen. Anschließend das Konfekt aus den Förmchen stürzen und genießen. Das Eiskonfekt unbedingt im Kühlschrank aufbewahren

Einmal im Jahr machte meine Mutter mit uns Eiskonfekt. Wenn ausreichend Schnee lag, wurde schon früh gewerkelt in der Küche, um die Masse vorzubereiten. Dann ging meine Mutter in den Keller und holte eine Waschschüssel, die wir mit frischem Schnee füllten. Meistens waren unsere Finger dann kälter als das Eiskonfekt, das wir in kleinen Aluförmchen in den Schnee der Wanne drückten. Und wie ungeduldig waren wir, bis endlich die ersten Förmchenfüllungen fest genug waren.

Weihnachtsbäumchen

Ergibt etwa 20 Stück

FÜR DEN TEIG:
4 Eier
1 Prise Salz
100 g Zucker
1 EL Vanillezucker
75 g Mehl plus etwas mehr für die Springform, gesiebt
25 g Speisestärke, gesiebt
½ TL Backpulver
etwas weiche Butter für die Springform
runde Mürbeteigkekse

FÜR DIE CREME:
50 g Zartbitterschokolade, fein gerieben
20 g Zucker
1 TL Zimt
20 g Speisestärke, gesiebt
1 Ei
500 g Milch
6 Blatt weiße Gelatine
50 g blanchierte Mandeln, gehackt
50 g getrocknete Cranberrys

FÜR DIE GLASUR:
200 g dunkle Kuchenglasur, klein gehackt

ZUM VERZIEREN:
Liebesperlen
grüner Hagelzucker

Den Backofen auf 180 °C vorheizen. Für den Teig die Eier mit einer Prise Salz in einer Schüssel schaumig schlagen. Den Zucker nach und nach einrieseln lassen und weiterschlagen, bis die Masse hell und dickflüssig ist. Das Mehl, die Speisestärke und das Backpulver vorsichtig unter die Schaummasse heben. Den Biskuitteig sofort in eine gebutterte und bemehlte Springform geben und 25 – 30 Minuten backen. Dann mit einem dünnen Holzstäbchen in die dickste Stelle des Teiges stechen. Bleibt kein Teig an dem Stäbchen kleben, ist der Kuchen fertig. Das Biskuit aus dem Backofen nehmen und in der Form abkühlen lassen.

Für die Creme die Zartbitterschokolade mit etwa vier Esslöffeln Milch verrühren. Den Zucker, den Zimt, die Speisestärke und das Ei dazugeben, alles gut verquirlen und beiseitestellen. Die restliche Milch in einem Topf zum Kochen bringen und die Schokoladenmischung unter ständigem Rühren hineinlaufen lassen. Die Creme einige Male aufkochen lassen, bis eine dickflüssige Creme entsteht. Die Schokoladencreme vom Herd nehmen, in eine Schüssel füllen und etwas abkühlen lassen. In der Zwischenzeit die Gelatine 5 Minuten in kaltem Wasser einweichen. Die Gelatine ausdrücken und in der warmen Creme auflösen.

Den Biskuitteig aus der Form lösen, in eine Schüssel bröseln und mit den Cranberrys und Mandeln mischen. So viel Schokoladencreme unter die Biskuitmischung rühren, bis ein cremiger, formbarer Teig entsteht. Den Teig auf die runden Mürbeteigkekse setzen und einen spitzen Kegel formen. Die Weihnachtsbäumchen kühl stellen.

Für die Glasur die Kuchenglasur in eine Edelstahlschüssel geben und auf einen Topf mit kochendem Wasser setzen – die Schüssel darf nicht das Wasser berühren. Die Kuchenglasur unter Rühren langsam schmelzen. Die Weihnachtsbäume aus dem Kühlschrank nehmen und mit der Glasur überziehen. Mit Liebesperlen und eventuell grünem Hagelzucker wie ein Christbäumchen verzieren.

Heinerle

Ergibt 20–30 Stück

ZUTATEN:

250 g Kokosfett
250 g Zucker
1 EL Vanillezucker
120 g Blockschokolade, gerieben
4 Eier
20 große, rechteckige Oblaten

Das Kokosfett in einem Topf erwärmen, den Zucker und den Vanillezucker dazugeben und so lange rühren, bis sich der Zucker gelöst hat. Die Blockschokolade dazugeben und schmelzen lassen. Die Eier nach und nach mit einem Schneebesen einschlagen und die Masse unter ständigem Rühren weiter erhitzen, aber nicht kochen lassen.

Die Schokoladenmasse so weit abkühlen lassen, dass sie noch streichfähig ist. Die Oblaten am besten in einem Backrahmen auslegen und mit der Creme gleichmäßig etwa zwei Millimeter dick bestreichen. Eine Oblate vorsichtig auf die Schokoladenmasse setzen und wieder mit der Creme bestreichen. So weiter verfahren, bis das Konfekt eine Stärke von etwa anderthalb Zentimetern hat. Die letzte Schicht mit einer Oblate abschließen. Auf die Oblatenpäckchen ein Brettchen legen und das Ganze mit einem Buch oder Ähnlichem beschweren. An einem kühlen Ort etwa 24 Stunden trocknen lassen und zum Schluss in Würfel, Rechtecke oder Rauten schneiden.

Lebkuchen-Tiramisu

Ergibt 12–15 Gläser

ZUTATEN:

200 g Lebkuchen
(z.B. Schokoladenherzen)
1 Glas Sauerkirschen
250 g Mascarpone
250 g Quark
80 g Zucker
3–4 EL Amaretto
200 ml Schlagsahne
1 Päckchen Vanillezucker
2–3 EL ungesüßtes Kakaopulver
zum Bestauben
1 TL Zimt zum Bestauben

Die Lebkuchen im Blitzhacker zu Bröseln verarbeiten. Die Lebkuchenbrösel etwa einen Zentimeter hoch in kleine Dessertgläser füllen. Das Sauerkirschglas öffnen und den Saft abgießen. Die Kirschen kurz abtropfen lassen, dann gleichmäßig auf die Gläser verteilen.

Den Mascarpone gut mit dem Quark, dem Zucker und dem Amaretto in einer Schüssel verrühren. Die Schlagsahne mit dem Vanillezucker in einem hohen Gefäß steif schlagen und mit dem Schneebesen unter die Mascarpone-Quark-Creme heben.

Die Creme in die Dessertgläser füllen und für 2–3 Stunden in den Kühlschrank stellen. Kurz vor dem Servieren mit Kakaopulver und etwas Zimt bestauben.

Bratapfel

Ergibt 4 Bratäpfel

ZUTATEN:
2 EL Rosinen
1 EL Rum
50 g schnittfester Nugat
4 Äpfel (z. B. Boskop), vom Kerngehäuse befreit
150 ml Apfelsaft
etwas weiche Butter für die Auflaufform

ZUM VERZIEREN:
30 g Mandelblättchen

Die Rosinen in eine Tasse geben und mit dem Rum übergießen. Etwa 30 Minuten ziehen lassen. Danach den Nugat mit einer Gabel zerdrücken und die Rumrosinen damit vermengen.

Die Äpfel waschen, abtrocknen und das Kerngehäuse herausstechen. Eine feuerfeste Form mit etwas Butter ausreiben.

Den Backofen auf 180 °C vorheizen. Die Äpfel in eine feuerfeste, gebutterte Form legen und mit der Rosinen-Nugat-Masse füllen. Den Apfelsaft in die Form gießen und die Äpfel 1 Stunde backen. Etwa 15 Minuten vor Ende der Backzeit mit den Mandeln bestreuen. Die Bratäpfel aus dem Backofen nehmen und noch lauwarm servieren.

✳ *Bratäpfel lassen sich natürlich auf vielerlei Arten füllen. Die Nugatvariante ist unsere Lieblingsfüllung. Aber auch Marzipan-, Mohn-, Mandel- und Nussfüllungen sind empfehlenswert.*

Gefüllte Datteln

Ergibt 15 Stück

ZUTATEN:

15 Datteln
50 g Rohmarzipan
50 g Puderzucker
70 g Pistazien

Die Datteln der Länge nach aufschlitzen und den Kern entfernen. Das Rohmarzipan zusammen mit dem Puderzucker verkneten. Etwa die Hälfte der Pistazien fein hacken, am besten im Blitzhacker. Dann die Pistazien unter das Marzipan kneten.

Jede Dattel mit Pistazienmarzipan füllen. Die restlichen Pistazien klein hacken und die Datteln mit der Oberseite in die Pistazien drücken.

Wer es ein bisschen weniger süß möchte, kann die Datteln auch mit Cranberrys füllen. Dazu 50 Gramm Cranberries in ein wenig Wasser einweichen. Nach etwa 10 Minuten das Wasser abgießen und die Cranberries mit einem Küchenpapier abtupfen. 30 Gramm gehackte Mandeln und 20 Gramm geschmolzene Kuvertüre verrühren und die Cranberries unterheben. Die Masse in die Datteln füllen und trocknen lassen.

Früchtepunsch

Ergibt 6–8 Gläser

ZUTATEN:

500 ml Apfelsaft
100 ml Traubensaft
100 ml Holunderbeerensaft
300 ml Früchtetee
(z.B. Hagebutte, Malve)
frisch gepresster Saft von
1 Orange
2–3 Scheiben von
1 unbehandelten Orange
1 Zimtstange
3–4 Gewürznelken
2 EL Honig

Den Apfelsaft, den Traubensaft und den Holunderbeerensaft erwärmen. Den Früchtetee und den frisch gepressten Orangensaft in den Topf gießen und unterrühren. Die Orangescheiben zusammen mit der Zimtstange und den Gewürznelken zu dem Saft geben.

Den Früchtepunsch bei geschlossenem Deckel 30 Minuten bei geringer Temperatur ziehen lassen. Der Punsch sollte nicht kochen. Den Honig erst kurz vor dem Servieren dazugeben.

Meine Kinder lieben Früchtepunsch. Es ist der Innbegriff von Gemütlichkeit, wenn sie vom Schneemannbauen hereinkommen, und zum Aufwärmen gibt es heißen Früchtepunsch und ein paar Plätzchen. Noch besser finden sie es aber, wenn der Früchtepunsch als kleine Stärkung draußen in der Kälte serviert wird.

Nelken: Gewürznelken werden in der Weihnachtsbäckerei sowohl gemahlen als auch im Ganzen gebraucht. Aber auch hier gilt es, das intensive Gewürz vorsichtig zu dosieren.

Heißer Apfelpunsch

Ergibt 6–8 Gläser

ZUTATEN:

1 l Apfelsaft
Zesten von 1 unbehandelten Orange
Zesten von 1 unbehandelten Zitrone
1 Zimtstange
5 Gewürznelken
1 Sternanis
1 EL Honig

Den Apfelsaft in einem Topf erhitzen. Die Orangen- und Zitronenzesten mit den Gewürzen dazugeben und den Punsch mit geschlossenem Deckel etwa 20 Minuten bei kleiner Temperatur ziehen lassen. Der Punsch sollte nicht kochen. Zum Schluss den Honig dazugeben und rühren, bis er sich gelöst hat. Den Apfelpunsch in einen Krug abseihen und heiß servieren.

✳ *Wer diese alkoholfreie Variante ein wenig verfeinern möchte, kann noch einen Schuss Calvados oder Amaretto zum Apfelpunsch geben.*

Glühwein

Ergibt 6–8 Gläser

ZUTATEN:

1 Zimtstange
5 Gewürznelken
1 Sternanis
3–4 Beeren Nelkenpfeffer
abgeschälte Schale von 1 unbehandelten Zitrone
2–3 Scheiben von einer unbehandelten Zitrone
1 EL brauner Zucker
1 l Rotwein
200 ml Portwein

Für den Gewürzsud 500 Milliliter Wasser in einen Topf geben und aufkochen lassen. Die Gewürze, die Zitronenschale, die Zitronenscheiben und den Zucker dazugeben. Bei niedriger Temperatur etwa 15 Minuten köcheln lassen. Den Rotwein und den Portwein in einem anderen Topf erwärmen, aber nicht kochen lassen.

Den Gewürzsud durch ein sehr feines Sieb zum Rotwein gießen. Alles gut verrühren und heiß servieren.

✳ *Falls Sie keinen Portwein zur Hand haben, können Sie das Rezept auch ohne den Portwein machen. Allerdings sollten Sie dann die Wassermenge auf etwa 300 Milliliter reduzieren.*

Heiße Marzipanschokolade

Ergibt 2–3 Tassen

ZUTATEN:

500 ml Milch
30 g Marzipanrohmasse, klein gehackt
75 g dunkle Schokolade (60 % Kakaoanteil), klein gehackt
1 EL ungesüßtes Kakaopulver, gesiebt

Die Milch in einem Topf aufkochen. Das klein gehackte Marzipan in die heiße Milch rühren und mit einem Pürierstab so lange pürieren, bis sich das Marzipan vollständig aufgelöst hat.

Die klein gehackte Schokolade zusammen mit dem Kakaopulver ebenfalls in die heiße Milch geben. Unter ständigem Rühren so lange aufkochen lassen, bis die Schokolade geschmolzen ist.

Abschließend mit dem Pürierstab noch einmal aufschäumen, in Tassen füllen und servieren.

Lebkuchenhäuschen

Ergibt 1 Lebkuchenhaus

FÜR DEN TEIG:
250 g Honig
100 g Rohrohrzucker
100 g Butter
1 Eigelb
1 Prise Salz
1 TL Zimt
½ TL gemahlener Kardamom
¼ TL Nelkenpulver
2 EL ungesüßtes Kakaopulver, gesiebt
1 EL Hirschhornsalz
2 EL Kirschwasser
400 g Mehl plus etwas mehr für die Arbeitsfläche, gesiebt

ZUM VERZIEREN:
1 Eiweiß
250 g Puderzucker
50 g blanchierte Mandeln, halbiert
bunte Schokolinsen
Liebesperlen
Gummibärchen

Für den Teig den Honig zusammen mit dem Zucker in einen Topf geben und erwärmen. Sobald der Zucker aufgelöst ist, die Butter dazugeben und unter Rühren schmelzen. Die Masse etwas abkühlen lassen und in eine Schüssel geben. Die restlichen Zutaten zu der Butter-Zucker-Masse geben und alles kräftig zu einem Teig verkneten. Den Teig zu einer Kugel formen, in Frischhaltefolie wickeln und für 1 Stunde in den Kühlschrank stellen.

In der Zwischenzeit auf Papier die einzelnen Hausteile aufzeichnen und als Schablonen ausschneiden.

Den Backofen auf 180 °C vorheizen. Den Teig aus dem Kühlschrank nehmen, noch einmal kneten und auf einer leicht bemehlten Arbeitsfläche etwa einen Zentimeter dick ausrollen. Die Papierschablonen auf den Teig legen und die Formen ausschneiden. Die fertigen Hausteile auf ein mit Backpapier ausgelegtes Backblech legen und 15 Minuten backen. Die Hausteile aus dem Backofen nehmen und abkühlen lassen.

In der Zwischenzeit das Eiweiß steif schlagen, dabei den Puderzucker einrieseln lassen, bis die Masse schön glänzt. Mit diesem Zuckerguss die Ränder der einzelnen Hausteile so bestreichen, dass man sie zusammensetzen kann. Die Hausteile leicht andrücken und trocknen lassen. Mit Zuckerguss die Schokolinsen, Mandeln etc. befestigen.

✳ *Ein Lebkuchenhäuschen zu bauen, ist gar nicht so schwer. Wichtig ist, dass die Hausteile nicht zu groß geraten, dann lassen sie sich auch gut zusammenkleben.*

LEIBNIZ
LEIBNIZ

Register

- Adventslikör 155
- Ahornsirup 28
- Amaretto 150, 157, 170, 178
- Anis **57**
- Anispulver 57, 125
- Äpfel 131, 133, 137, 146, 173
- Apfelbrot 133
- Apfelpunsch, heißer 178
- Aprikosen, getrocknete 114, 131, 137
- Aprikosen-Haselnuss-Schnittchen 114
- Aprikosenkonfitüre 20, 30, 98, 114
- Arrak 16, 57, 95
- ***Ausgerollt und ausgestochen*** 10–35
  - Butterplätzchen 16
  - Ginger Bread Man 28
  - Hausfreunde 30
  - Lebkuchenmänner 32
  - Nussplätzchen mit Marzipan
  - Orangenplätzchen mit Schuss 22
  - Pfefferschokokuchen 34
  - Schneeflöckchen 12
  - Spitzbuben 19
  - Wiener Herzen 20
  - Zimtsterne 15
- ***Aus Model und Hand*** 36–59
  - Bethmännchen 46
  - Butterbrot 38
  - Elisenlebkuchen 40
  - Honig-Mandelhäufchen 58
  - Husarenkrapferl 46
  - Mandelspekulatius 53
  - Mandeltaler 54
  - Marzipanplätzchen 58
  - Nugatkipferl 43
  - Nürnberger Springerle 57
  - Nussbällchen 55
  - Orangen-Mohn-Kipferl 42
  - Pistazienbutterplätzchen 55
  - Schokoladenplätzchen 50
  - Vanillekipferl 45
  - Walnussplätzchen 50

- Backoblaten 40, 62, 168
- Baiserkringel 69
- Baumkuchenspitzen 98
- Belegkirschen 32
- Bethmännchen 46
- Birnen, getrocknete 137
- Bittermandelöl 40, 54, 58, 84, 121, 137
- Bratapfel 173
- Butterbrot 38
- Butterplätzchen 16

- Calvados 178
- Cranberrys, getrocknete 125, 167, 175

- Datteln, gefüllte 175
- Dreikönigskuchen 128

- Eiskonfekt 164
- Elisenlebkuchen 40
- Englischer Kuchen mit kandierten Früchten 134

- Feigen, getrocknete 131
- ***Feines aus der Tülle*** 60–87
  - Baiserkringel 69
  - Kokosmakronen 66
  - Linzer, gespritzte 86
  - Mandel-Schoko-Makronen 67
  - Marzipanspritzgebäck 84
  - Mokkamakronen 67
  - Nugatstangen 78
  - Orangenmakronen 73
  - Orangenspritzgebäck 80
  - Pistazienmakronen 64
  - Schokoladenmakronen mit Füllung 71
  - Schokospritzgebäck 80
  - Spritzgebäck, gefülltes 77
  - Walnussmakronen mit Marzipan 62
  - Zimtmakronen 66
  - Zimtspritzgebäck 84
  - Zitronenstangen 83
- Florentiner Schnitten 107
- Früchtebrot im Brotteigmantel 131
- Früchtepunsch 176

- ***Gebacken und geschnitten*** 88–115
  - Aprikosen-Haselnuss-Schnittchen 114
  - Baumkuchenspitzen 98
  - Florentiner Schnitten 107
  - Gewürzschnitten 96
  - Honigkuchen 113
  - Ingwerschnitten 100
  - Kokoswürfel 93
  - Magenbrot 94
  - Marzipanstangen 110
  - Sacherwürfel 108
  - Schwarz-Weiß-Gebäck 95
  - Walnusswürfel 100
  - Zitronenschnitten 90
- ***Gerührt und geknetet*** 116–141
  - Apfelbrot 133
  - Dreikönigskuchen 128
  - Englischer Kuchen mit kandierten Früchten 134
  - Früchtebrot im Brotteigmantel 31
  - Glühwein-Schokoladen-Kuchen 141
  - Ministollen 122
  - Mohnstollen 121
  - Panettone 130
  - Quarkstollen 118
  - Stollentorte 125
  - Weihnachtsstrudel 137
  - Weihnachtstorte 138
- Gewürznelken 144, **176**, 178, 178
- Gewürzschnitten 96
- Ginger Bread Man 28
- Glühwein 141, 178
- Glühweingelee 144
- Glühwein-Schokoladen-Kuchen 141

- Haselnüsse 12, 18 f., 40, 46, 55, 78, 80, 96, 107, 114, 133, 149
- Hausfreunde 30
- Heinerle 168
- Honig 32, 55, 58, 90, 107, 113, 176, 178, 180
- Honigkuchen 113
- Honig-Mandelhäufchen 58
- Husarenkrapferl 46

- Ingwer, frischer 144
- Ingwer, gemahlener **28**, 53, 155
- Ingwer, kandierter 100
- Ingwerschnitten 100

- Johannisbeergelee 12, 19, 46, 78, 86, 138, 141

- Kaffeepulver 67, 94
- Kakaopulver 32, 34, 43, 62, 69, 78, 94, 95, 100, 133, 141, **149**, 160, 164, 170, 179
- Kardamom 32, 53, 94, **125**, 155, 180
- Kirschen, kandierte 113, 134
- Kirschen, tiefgekühlte 150
- Kirschkonfitüre mit Amaretto 150
- Kirschwasser 32, 94, 180
- Kokosflocken 22, 157
- Kokosraspel 93
- Kokosmakronen 66
- Kokoswürfel 93
- Koriander **133**, 155
- Korinthen 134
- Kuvertüre, Vollmilch 27, 58, 93, 95, 138

Kuvertüre, weiße 22
Kuvertüre, Zartbitter 12, 30, 40, 43, 78, 80, 86, 98, 100, 104, 107, 108

Lebkuchen 137, 170
Lebkuchenhäuschen 180
Lebkuchenmänner 32
Lebkuchen-Tiramisu 170
Linzer, gespritzte 86

Magenbrot 94
Mandeln 12, 15, 22, 27, 32, 38, 40, 42, 45 f., 53 f., 58, 66 f., 71, 73, 80, 90, 93, 96, 100, 104, 107, 110, 113, 118, 125, 128, 130 f., 133, 137, 160, 167, 180
Mandel-Schoko-Makronen 67
Mandelspekulatius 53
Mandeltaler 54
Martinsgänse 152
Marzipan 27, 30, 46, 53, 58, 62, 84, 110, 125, 138, 175, 179
Marzipanplätzchen 58
Marzipanschokolade, heiße 179
Marzipanspritzgebäck 84
Marzipanstangen 110
Mascarpone 170
Ministollen 122
Mohn 42, 121, 173
Mohnstollen 121
Mokkabohnen 67
Mokkamakronen 67
Mokkapulver 67
Muskatnuss 28, 34, 40, 53, **96**, 137

Nelkenpfeffer 178, s. a. *Piment*
Nelkenpulver 28, 32, 34, 40, 53, 94, 96, 113, 125, 131, 133, 137, 150, 155, 180
Nikolausstiefel 158
Nugat 18, 43, 54, 71, 78, 173
Nugatkipferl 43
Nugatstangen 78
Nugattropfen 18
Nürnberger Springerle 57
Nuss-Nugat-Creme 149
Nussbällchen 55
Nussplätzchen mit Marzipan 27

Orangeat 40, 73, 113, 118, 122, 130, 134
Orangenscheiben, kandierte 22, 133
Orangenmarmelade 84, 100, 108, 149
Orangenlikör 20, 22
Orangenmakronen 73
Orangen-Mohn-Kipferl 42
Orangenplätzchen mit Schuss 22
Orangenschale **73**
Orangenspritzgebäck 80
Orangen-Zimt-Muffins 149

Panettone 130
Pflaumen, getrocknete 131
Pfefferschokokuchen 34
Piment 94, **113**, 137, 150, 155
Pistazien 30, 38, 55, 64, 83, 107, 175
Pistazienbutterplätzchen 55
Pistazienmakronen 64
Plätzchen am Stiel 160
Portwein 178
Punschgelee 144

Quark 118, 122, 125, 152, 157, 170
Quarkstollen 118

Rosenwasser 46
Rosinen 128, 131, 133, 137, 173
Rotwein 144, 178
Rum 98, 118, 133, 134, 137, 138, 173

Sacherwürfel 108
Sauerkirschen 170
Schmand 125, 157
Schneebällchen 157
Schneeflöckchen 12
Schokolade 15, 18, 38, 93, 104, 141, 168, 179
Schokoladen-Nugat-Muffins 149
Schokoladenbrot 104
Schokoladenmakronen mit Füllung 71
Schokoladenplätzchen 50
Schokoladentropfen 50, 55
Schokospritzgebäck 80
Schwarz-Weiß-Gebäck 95
Spekulatius s. Mandelspekulatius
Spitzbuben 19
Spritzgebäck, gefülltes 77
Sternanis 144, 178
Stollentorte 125
Sultaninen 118, 130, 152

Vanillekipferl 45
Vanilleschote 22, **45**, 46, 50, 86, 98, 137, 138, 141

Walnüsse 30, 50, 55, 62, 100, 137
Walnussmakronen mit Marzipan 62
Walnussplätzchen 50
Walnusswürfel 100
Weihnachtsbäumchen 167
Weihnachtskonfitüre 150
Weihnachtsstrudel 137
Weihnachtstorte 138
Wenn's draußen stürmt und schneit 142–180
- Adventslikör 155
- Apfelpunsch, heißer 178
- Bratapfel 173
- Datteln, gefüllte 175
- Eiskonfekt 164
- Früchtepunsch 176
- Glühweingelee 144
- Heinerle 168
- Kirschkonfitüre mit Amaretto 150
- Lebkuchenhäuschen 180
- Lebkuchen-Tiramisu 170
- Martinsgänse 152
- Marzipanschokolade, heiße 179
- Nikolausstiefel 158
- Orangen-Zimt-Muffins 149
- Plätzchen am Stiel 160
- Punschgelee 144
- Schneebällchen 157
- Schokoladen-Nugat-Muffins 149
- Weihnachtsbäumchen 167
- Weihnachtskonfitüre 150
- Wiener Herzen 20
- Zimtwaffeln 146

Wodka 155

Zartbitterschokolade 50, 62, 67, 84, 100, 141, 150, 155, 167
Zimt **15**
Zimtmakronen 66
Zimtspritzgebäck 84
Zimtsterne 15
Zimtwaffeln 146
Zitronat 40, 113, 118, 122, 125, 130, 134
Zitronenschale **73**
Zitronenschnitten 90
Zitronenstangen 83
Zwetschgen, getrocknete 137
Zwetschgen, tiefgekühlte 150

Der Backofen sollte, sofern nicht anders angegeben, auf Unter-/Oberhitze geheizt werden.

Alles, was das
Leben schön macht.
LandIDEE Juni & Juli 2012 | Nr.4 | 3,80 €
LandIDEE
LAND ERLEBEN UND GENIESSEN
GARTENSCHÖNHEIT
Stockrose
SAMMELKARTEN
Heilkraft & Essgenuss
Vergessene Kräuter
SÜSSER GENUSS
Heidelbeerzeit
SELBST HERGESTELLT
Sonnenkosmetik
KÖNIGLICHES GEMÜSE
Spargelküche
DIE KRAFT DER NATUR NUTZEN
Das macht Sommerlaune
BeNeLux/F 4,30 €
I/E 4,75 €
N 49 NOK
Alle 2 Monate neu am Kiosk!
Die besten Ideen kommen vom Land.
Online blättern oder Testabo mit Prämie bestellen unter:
www.landidee.info/abo